Dhammayangyi

In Erinnerung an die Kinder vom Dhammayangyi,
an Min Min, Ni Ni und ihre Freunde.

Die Geschichte:

Dieses Buch ist die lebendige Biographie eines Tempels und der Menschen um ihn, mehr noch, es schildert damit verbunden Geburt und Untergang des ersten birmanischen Reiches.

Birma ist ein Land, in dem Altasien mit seiner buddhistischen Tradition noch bis in den Alltag der Menschen lebendig ist wie kaum sonst in der Welt. Die Geschichte erzählt von einem Fremden, der in das Land reist, in dessen historisches Herz, nach Pagan. Mit den Menschen dort, vor allem mit den Kindern des Dhammayangyi, geht er eine persönliche Beziehung ein und taucht über den pyramidalen Tempel in phantastischer Weise tief in die Vergangenheit Pagans und seiner Bewohner ein. Der historische Teil der Geschichte beginnt in sagenhafter Vorzeit mit einer Weissagung Buddhas, setzt sich fort mit den Anfängen des Paganreiches, schildert die Schrecken des königlichen Erbauers, den Bau des Tempels und seine Dauer in all ihrer Düsternis und im Spiegel der Mythen und Legenden um ihn.

Stets bleibt der Dhammayangyi mit seinen Gläubigen im Mittelpunkt, einer der hervorragenden buddhistischen Tempel, der die für diesen Teil der Welt ungewöhnliche Form einer Pyramide hat. Wohl jeder Birma-Reiseführer verweist auf ihn, ohne allerdings näher auf seine Historie einzugehen.

Die Erzählung stellt keine Tempelbeschreibung dar (siehe jedoch Anhang), sondern lebendige, fesselnde Historie, die in mancherlei Detail unwirklich, ja phantastisch anmutet, sich jedoch bis in Einzelheiten streng an historische Tatsachen und belegte Mythen hält und diese ergänzt durch die Berichte der Einwohner von Pagan, die ihre Legenden bis heute von Mund zu Mund überliefert haben und sie in ihrem Glauben bewahren.

Die **Aussprache** von Dhamma-yan-gyi = damma-jan-dschi.

Hans Wilhelm Finger

Dhammayangyi

- eine Reise ins Herz Birmas

Die Biographie eines Tempels,
seiner Menschen und
des Königreichs Pagan

Wiesenburg

Eine englische Übersetzung dieses Buch ist im Oktober 2004 bei Orchid Press in Bangkok erschienen. Der Titel lautet „Dhammayangyi. The Pyramid by the Irrawaddy".

Bibliographische Information Der Deutschen Bibliothek:
Die Deutsche Bibliothek verzeichnet diese Publikation in der Deutschen Nationalbibliographie; detaillierte bibliographische Daten sind im Internet über http://dnb.ddb.de abrufbar.

2. Auflage 2005
Wiesenburg Verlag
Postfach 4410, 97412 Schweinfurt
www.wiesenburgverlag.de

Layout und Umschlag vom Verfasser
Druck: Digital Print Group, Erlangen

ISBN 3-937101-49-7

Nicht-zu-sein,
danach sehnen sich alle Fasern meines Herzens.

Ananthaturiya, Erzieher und Ratgeber
von König Sithu II (1173-1210).

4. Der Dhammayangyi Tempel in der Landschaft.

Inhalt

1. Pagan, Dorf bis 1989	2. Palastmauer	3. Shwegu Tempel
4. Thatbyinnyu Tempel	5. Ananda Tempel	6. Swezigon Pagode
7. Dhammayangyi Tempel	8. Shwesandaw Pagode	9. Pitakat Taik Bibliothek
10. Mingalazedi Pagode	11. Myinkaba Pagode	12. Petteik Pagoden

Karte I: Alter Plan von Pagan und Umgebung.
Abb. 5: Oben Reste der alten Palastmauer; unten das ehemalige Pagan-Dorf.

Pagan – eine Heimkehr

In Buddhas Land. Langsam rüttelt der Pferdekarren über den staubigen Weg, schüttelt sich in dessen Löchern und Rinnen. Ohne Laut und mit gesenktem Kopf müht sich das zierliche Pferd Schritt um Schritt in der trockenen, dörrenden Mittagshitze. Stumm sitzt Ko Kyi und hält die Zügel, stumm döse ich hinter ihm mit angezogenen Beinen auf der winzigen, schilfmattenbedeckten Plattform des Wägelchens.

Mörderisch ist diese frühe Hitze. Aber ich will sie wiedersehen, will mein Versprechen wahrmachen. Meine Hand geht zur Brusttasche, und ich fühle das Dutzend bunter Kugelschreiber, ein Geschenk für meine kleinen Freunde. Diese Kinder, mein Gott, Tausende Kilometer sind es die ich zu ihnen komme. Pagan, das Dorf am Irrawaddy, ich hatte es vor zwei Monaten erstmals betreten, bin wie in ein Niemandsland gekommen, 40 Jahre hatte es für mich nicht existiert. Und nun zieht es mich schon nach so kurzer Zeit wieder hierher, zu diesem Fluß, zu diesem Dorf, zu diesen Kindern, zu diesem Tempel; ah - da ist er. Durch die Büsche am Wegrand schimmert es braun, darüber klar gegen den Himmel eine stumpfe, dunkle Spitze. Die Pyramide, im Näherkommen wird sie breiter, höher und nach den letzten verbergenden Sträuchern fahre ich unter dem Torbogen der weiten Ummauerung hindurch. Dieser steinerne, terrassenförmige Berg, er ist jetzt überall.

6. Das Nordtor zum Tempel.

Vor dem Portal eine Schar Kinder. Noch 100 m. Groß sitzt die Sonnenbrille vor meinen Augen, tief im Gesicht der schützende Hut. Die Ahnungslosen blicken dem anrollenden Pferdekarren gespannt entgegen. Eine helle Stimme ruft Ko Kyi neben mir etwas in Birmanisch zu. Lächelnd beugt er sich zu mir:

Sie sagen, der Mann neben mir schaue aus wie ihr Freund.

Also wie ihr Freund, der Min Min und Ni Ni bei seinem ersten Besuch an gleicher Stelle Fotos und Kugelschreiber versprochen hatte. Ich ziehe den Hut noch tiefer in die Stirn. Vor dem Portal angekommen, springe ich vom Wagen direkt unter die erwartungsvolle Kinderschar.

Ich bin zu Min Min und Ni Ni gekommen, um ihnen die versprochenen Fotos und Kugelschreiber und noch einiges mehr zu bringen und reiße Hut und Sonnenbrille ab.

Da bricht ungeheurer Jubel aus, nicht nur bei meinen beiden kleinen Freunden, die sind natürlich die Lautesten, alle Kinder jubeln mit. Im Nu sind 30 Stifte verteilt. Dann greifen die beiden Unzertrennlichen nach meinen Händen, werfen sich in ihrer Sprache fröhliche Worte zu, dazwischen ihr frisches, schlichtes Englisch, ihr Jauchzen beim Betrachten der Bilder und ziehen mich dann fort von den Anderen- später werden wir sie wieder sehen. Am Tempeleingang streifen wir unsere Sandalen ab und schon sind wir tief drinnen in dem Tempelgebirge.

Ich bin angekommen, hier will ich bleiben, mit meinen beiden kleinen Freunden durch Pagoden und Tempel streifen, mich mit ihnen necken, ihren einfachen Worten lauschen, mit ihnen im Boot auf dem Irrawaddy schippern, ihnen im Gasthaus eine Runde Limonade spendieren, bei ihren Eltern in der Bambushütte inmitten der vielköpfigen Familie Tee trinken, über den schnellen Verstand des Min Min staunen und mein Herz an der strahlenden, kindlich-charmanten Ni Ni erquicken - für Stunden, Tage, Monate - wenn das doch nie enden würde.

Der Lärm der zurückgebliebenen Kinder ist verebbt, fahles Dämmerlicht in den hohen, dunklen Gängen. Nach oben dehnt sich Schweigen in ein schwarzes Nichts. Das Schleifen unserer nackten Füße auf den groben Steinquadern läuft neben uns her. Im Lichtblitz eines Mauerspalts fallen ein paar ermunternde

7. Hohe, dunkle Gänge im Innern des Tempels.

8. „...eine riesige Gestalt...“ - Fresko im düsteren Korridor.

Worte der beiden Kinder, und weiter ziehen sich mich in das nächste Dunkel. Wieder ein Schimmer und seitliches Licht auf eine mächtige helle Wand des Innenraumes. Ich pralle zurück, eine riesige Gestalt löst sich aus dem Gemäuer.

Die Kinder lachen nur und fassen mich links und rechts fester und drängen an dem Schattenbild vorüber. Wir kommen zu einem schmalen Einschnitt im Mauerwerk. Ein Durchblick gewährt etwas Licht, aber nach oben enden die schmalen Stufen im undurchdringlichen Schwarz. Gebückt folge ich den Kindern in dem niedrigen Gang aufwärts; ein junger Mönch in safrangelber Kutte blickt uns nach. Sie ermahnen mich, auf Kopf und Schultern zu achten und keinen Fehltritt zu tun. Oben, nach einer Biegung und über eine erhöhte Stufe erreichen wir den spaltförmigen Auslaß, durch den ich mich nur mit Mühe zwänge - und stehen auf der ersten Terrasse über der östlichen Tempelhalle des Dhammayangyi. Weit schweift der Blick über das karge Land mit seinem spärlichen, niedrigen Bewuchs zu den fernen kahlen Hügeln im Osten und zur andren Seite über die verstreuten 2000 Pagoden und Tempel im Westen, über die geduckten Bambushäuser von Pagan, über den breit schimmernden Irrawaddy und darüber hinaus auf nackte Hügel und zum Mt. Tangyi, der scharf am Horizont steht. Unter uns der erdbraune Tempelhof. Hier sind wir weit entfernt, kaum daß noch Geräusche heraufdringen, nur noch Fetzen von Kindergeschrei. Über uns drängt sich Tempelgestein schier noch mächtiger als zuvor von der Zufahrt aus und endet irgendwo im Gleißen des

9. Stufen zur Dachterrasse.

erhitzten Blaus. Ein leises Gefühl großen Glücks durchströmt mich. Strebende und sorgende Gedanken, Hoffen und schmerzliches Erinnern, quälendes Grübeln und widerstrebendes Empfinden, sie lösen sich auf an diesem stillen Ort.

10. Min Min und Ni Ni in Pose auf der abendlichen Dachterrasse.

Am Tempel

Ich verweile nur kurz am Dhammayangyi und fahre bald weiter in den nahen Pagan-Ort. Während des Tages begleiten mich Min Min und Ni Ni auf dem Pferdewagen und im Boot auf allen meinen Wegen. Wir besuchen die Dorfschule, aus deren weit geöffneten Fenstern der Chor der lernenden Kinder dringt. Min Min und Ni Ni bekommen für den Tag frei. Ich überreiche der Lehrerin weiße und bunte Kreide für die Tafel und eine Weltwandkarte für den Geographie-Unterricht und für geheime Träume. Stolz blicken meine kleinen Freunde bei der Gruppenaufnahme vor dem bambusgeflochtenen Schulgebäude in die Kamera. Wir eilen weiter zu U Hla Maung. Der würdige Mann sitzt mit untergeschlagenen Beinen sehr gerade in seiner sauberen Hütte und verspricht, den Kindern gegen ein kleines Entgeld bis zu meinem nächsten Besuch täglich eine Englischstunde zu geben. Dann am Irrawaddy, ich lege den beiden eine Schwimmhilfe an und ordne ihre planschenden Bewegungen zu rhythmischen Zügen. Es ist so einfach, im Nu lernen sie sich über Wasser zu halten, bald auch ohne Hilfe, und sie führen ihr neues Können den staunenden Kameraden vor.

Nach dem gemeinsamen Mittagessen flüchte ich vor der lähmenden Hitze ins Hotel, Min Min und Ni Ni gehen heim zu ihren Familien. Doch nicht lange, bald treffen wir uns wieder. Ni Nis zierliche Freundin War War und der scheue Myint Ko stehen stumm mit bittenden Augen neben dem Wägelchen. Und schon ziehen uns, nun zu fünft und Mg Myint Aung unser Lenker, klappernde Hufe weiter zu freundlichen Hütten, wir schauen in vertraute, glänzende Gesichter und sind fort zu Pagoden und Tempeln, zu der goldbekuppelten Shwezigon, dem prächtigen Ananda Tempel und dem majestätischen Thatbyinnyu, und es ist ein Scherzen und Lachen und eine gelöste Heiterkeit. Ein ewig unvergeßlicher Tag unter der warmen Sonne und dem blauen Himmel Pagans. Es ist wie eine Heimkehr in eine Zeit, die so unendlich weit zurückzuliegen scheint, ein längst vergessener Ort. Ich bin mir gewiß, ich habe nicht nur die eine Heimat meiner Geburt.

Am Abend kehre ich aus dem Dorf für die Nacht zum Tempel zurück, gerade rechtzeitig um zu sehen wie sich die Sonne im

11. Sonnenuntergang am Dhammayangyi.

Westen in Farben auflöst, mit denen sie den ganzen Himmel über dem Irrawaddy überzieht und die sie am Ende als gleißendes Licht mit sich hinter dem Mt. Tangyi hinabzieht. Meine beiden kleinen Begleiter Min Min und Ni Ni haben sich von ihrer lärmenden Freundesschar getrennt, die heim strebt, sie wollen bei mir bleiben. Wir setzen uns auf die warmen braunen Quader der oberen, umlaufenden Terrasse. Lange folgen so unsere Augen dem Farbenspiel über Fluß und Hügel, bis Bambushütten, Bäume und die unzähligen Pagoden langsam miteinander verschmelzen, verschwinden hinter dem letzten Lichtkranz am Mt. Tangyi. In der zunehmenden Schwärze des Himmels blitzt es hier und da zögerlich auf, mißtrauisch zuerst, ob es nun wirklich Nacht würde. Es wird noch stiller als am Tage schon, und die Kinder setzen sich näher zu mir. Ni Ni singt leise eine kindliche Melodie. Ich erkenne sie sofort als "Bruder Jakob", aber die Strophen sind unser Eigenes. Wir summen gemeinsam mit gedämpfter Stimme, so als sei das Dhammayan gyi-Lied nur für unsere Ohren und die Winde bestimmt, die das Gemäuer zärtlich umwehen:

Dhammayangyi, Dhammayangyi,
I love you, I love you.
You are like a mountain,
You are like a mountain,
In my heart, in my heart.

Dhammayangyi, Dhammayangyi,
I love you, I love you.
Do you hear the laughing,
Do you hear the laughing,
Around you, around you.

Dhammayangyi, Dhammayangyi,
I love you, I love you.
You are my rising sun,
You are my rising sun,
Wherever I go, wherever I go.

Dhammayangyi, Dhammayangyi,
I love you, I love you.
I am far away and,
I am far away and
Longing for you, longing for you.

Dhammayangyi, Dhammayangyi,
I love you, I love you.
One day I shall be buried,
One day I shall be buried,
Nearby you, nearby you.

Die fernen Umrisse des Dorfes, der größeren Pagoden und Tempel sind jetzt in der Nacht verschwunden, von dort her wehen nur die stillen, schwachen Lichter. Selbst der Dhammayangyi mit seiner Masse über uns hat sich aufgelöst in ein aufgespanntes Lichternetz, das ich mit meinen Gedanken abschreite.

Ni Ni hat aufgehört zu singen, Min Min erzählt mit unterdrückter Stimme Geistergeschichten, die er über den Tempel gehört hat. Noch nie sei er in der Nacht hier gewesen. Ja, ergänzt Ni Ni, die Leute vom Dorf mieden den Tempel, am Tage sei nur Daw Tin Hlaing, die Limonade-Verkäuferin, hier wegen der Touristen. Besonders nach Einbruch der Dunkelheit hätten sie alle Angst hierher zu kommen. Niemand dächte daran, Lampen anzubringen wie am Ananda Tempel, oder am Thatbyinnyu mit seinem Feuerausgucker oben, deren leuchtende Umrisse sich jetzt am schwarzen Horizont mit den Sternen verbrüdern. Nur die Kinder liebten es am Tage hier zu sein, niemand störe sie beim Spielen und Scherzen auf dem ummauerten Tempelgelände und in den erhellten Eingängen. Und wir drei gestehen uns gegenseitig unsere heimliche Liebe zu diesem düsteren Bauwerk, das sich so sehr mit sich selbst zu beschäftigen scheint und sich aus seiner unseligen Vergangenheit nicht zu lösen vermag.

Es gebe einen mächtigen Geist hier, erzählt Ni Ni weiter, er nehme den Vogelfängern, die am Tempel die Vögel mit Feuer in die aufgespannten Netze scheuchen, sie wieder weg und verspeise sie anschließend in seinem Versteck. Nicht nur aus dem Netz, sogar aus dem Korb stehle er die gefangenen Vögel. Er sei nackt, sein Körper rötlich und behaart. Die Männer könnten mit ihm nicht kämpfen, denn er sei viel größer und stärker als sie. Einen der Vogelfänger habe er sogar von der Leiter gestoßen, und der Mann sei sofort tot gewesen. Ein anderer Mann habe ihn überredet, mit ihnen in das Dorf zu kommen. Sie würden die Vögel mit ihm teilen, wenn er sie dort beschützte - aber er konnte nicht durch das alte Tor hinein.

Das sei der Geist des Mönches, der sich vor 200 Jahren in den Tempel eingemauert habe, ergänzt Min Min. Der Mönch habe sich auf Magie verstanden und sei unter den Menschen sehr mächtig gewesen und habe gemeint, er könne die Kraft Buddhas gewinnen. Vor uralter Zeit sei es doch der Erleuchtete selbst gewesen, der den Mt. Tangyi bestiegen und den Bau des mächtigen Dhammayangyi geweissagt habe. Als der Mönch dann die Macht des Buddha habe über sich kommen fühlen, glaubte er den Tempel von seinen bösen Geistern befreien zu können.

12. Sonnenuntergang am Irrawaddy. Ni Ni und Mt. Tangyi.

Ich lausche ihren kleinen Geschichten eine Weile, doch die Worte der Kinder kommen bald immer spärlicher und bleiben schließlich ganz aus. Nur noch nächtliche Schatten umgeben uns und undurchdringliche Stille. Ich zünde eine Kerze an und setzte sie in geringem Abstand von uns auf einen Sockel. Obgleich kein Windhauch mehr spürbar ist, zittert ihr Schein heftig, und nach einer Weile verlischt sie. Wir wickeln uns in unsere Decken und strecken uns auf den warmen Ziegeln aus. Noch ein wenig Zurechtrücken, ein leises Wispern, und dann sind meine beiden kleinen Begleiter auch schon eingeschlafen.

Ich liege auf der Terrasse noch lange wach, suche mit den Augen die Umrisse des Gemäuers, wie es ein mächtiges Stück aus dem silbrigen Sternengewebe herausschneidet. Aber das ist nur der Anfang auf einem langen, phantastischen Weg, auf den es mich jetzt lockt, wobei ich Stufe um Stufe, Terrasse um Terrasse, Stern um Stern hinaufklimme in eine flimmernde Ferne auf der Suche nach den Ursprüngen des Dhammayangyi, dessen Leib ich bei der schwebenden Wanderung warm und tragend unter mir fühle.

Die Weissagung vom Mt. Tangyi

Es war zu der Zeit, als der Erleuchtete noch unter uns weilte, wovon die Legenden erzählen.

Der Weg war lang und beschwerlich den Mt. Tangyi hinan, und so hatte ER sich schon bei Morgengrauen auf den Weg gemacht, in aller Stille, um die Gefährten nicht des Schlafes zu berauben, für sie eine Nachricht hinterlassend. ER brauchte in dem fremden Land die Höhe des Gipfels und die Weite des Blickes über den Fluß nach Osten, um das klar zu erkennen, was sich in ihm angedeutet hatte und ihn zu dieser langen Wanderung von den westlichen Hügeln her veranlaßt hatte, ein Ereignis dort in der Ebene und über die Hügelketten hinaus in der Weite des Landes: Ein großes Volk würde dereinst aus dem Norden kommen, den Weg in dieses Land finden und es mit seinen Taten, Freuden und Leiden füllen. Vor allem aber würde es sein Volk sein. Sein Ahnen war ihm immer mehr zur Gewißheit geworden. Dieses Land wollte er überblicken.

Der Anstieg war uneben und steinig, nur ein rauher, dicht bewaldeter Pfad führte bis zur halben Höhe und verlief sich dann im niedrigen Gestrüpp bis zur weithin sichtbaren kahlen Kuppe. Die feuchte Kühle des Morgens stand noch in den lichten Wipfeln des Waldes und reichte ihre Frische bis zu dem einsamen Wanderer weiter. So kam ER rüstig voran.

Wie ER höher klomm, raffte die steigende Sonne den waldigen Schutz hinweg. Der Wanderer jedoch schritt ihr froh entgegen. Kurz vor des Tages Scheitel kam ER unterhalb des Gipfels an. Das steinige Terrain dehnte sich noch bis zur gerundeten Kuppe vor ihm, eine halbe Stunde Weges. Obgleich das Gelände kaum steiler wurde, schien es ihm dennoch, als würde der Aufstieg nun mit jedem Schritt beschwerlicher. Verflogen war das Getragenwerden des Anfangs, die Leichtigkeit des mittleren Weges und das Aufgehen im Licht nachdem ER den Wald durchschritten hatte. So nahe dem Ziel, mit dem Erreichen der Steinöde und seinen Augen vertrauend, hatte ER geglaubt die letzte Höhe mit raschem Gang durchmessen zu können. Aber mit jedem Schritt wurde IHM das Gehen beschwerlicher, als richte sich der Erdboden gegen ihn auf. Die Sonne begann sich zu dehnen, griff nach seinem Gewand und spielte darin mit ihrem Feuer. Sein Körper schien zu brennen und war im Nu ausgetrocknet.

Im Tal hatten die Einheimischen IHN gewarnt, niemand könne den Gipfel erreichen, dämonische Wesen würden dort hausen und verwehrten jedem Menschen dorthin vorzudringen. Der mächtige Ogre, der dämonische Wächter des Mt. Tangyi und seiner Umgebung tyrannisiere jedes Wesen, das sich dem Berg nähere. Deshalb habe noch niemals irgend ein Mensch zum Gipfel gelangen können. Wer es aber dennoch versucht habe, dem sei übel mitgespielt worden, oder er sei überhaupt nicht mehr zurückgekehrt. ER lächelte.

Mit großer Anstrengung erreichte ER das kleine Plateau auf der Spitze des Berges. Und mit dem letzten Schritt war plötzlich alle Schwere von ihm gewichen und die Leichtigkeit vom Tagesbeginn zurückgekehrt. Nur die Sonne stand jetzt noch brennender über ihm. ER setzte sich auf den steinigen Untergrund, den Oberkörper aufgerichtet, sich für das Bild sammelnd. Vor ihm, den Hang hinunter, und über den Fluß hinweg weit nach Osten erstreckte sich die Ebene. In der kaum wahrnehmbaren Ferne im zarten Dunst ein Saum von niedrigen Hügeln. Die Erde war grün und von wechselnden Farben durchwebt, vom hellen Ton der Wiesen bis zu der dunklen Tiefe des Waldes. ER blickte

13. Blick vom Mt. Tangyi über den Irrawaddy in die Pagan Ebene.

kurz zurück: gen Westen, dem Hügelland, wo ER hergekommen, getrieben von geheimnisvollen Stimmen dem Sonnenaufgang entgegen, um sein Ahnen zu erfüllen. Im Osten aber, da lag das neue Land - sein Land. Darüber wollte er seinen Blick für diesen einen Augenblick schweifen lassen. Wie ER es liebte. Und siehe, dort sah er den weißen Reiher und die schwarze Krähe sich erheben von der Spitze des Dhak-Baumes. Zu dessen Füßen aber kroch ein kleiner Frosch, während sich in der Astgabel der Preta dehnte. Und ER lächelte.

Ein Schatten fiel über seine Augen und blieb kühl über ihm stehen. Und eine machtvolle Stimme voll drohenden Staunens sprach zu ihm: *Wer bist du, daß ich hier stehe und dir Schatten spende. Habe ich nicht bisher jegliches Wesen, das meinem Berge nahe kam, vernichtet?*

ER aber, weder erhob er sich noch drehte er sich dem Sprechenden zu, antwortete mit Gleichmut: *Sie nennen mich den Erleuchteten, der seinen Weg vollendet hat so wie der Strom nach langer Reise ins offene Meer mündet und der dennoch niemals endet.*

Er unterbrach kurz, dann fuhr er fort: *Du aber bist die Kraft des langen Weges, der Sturzbach anfangs, der ungebändigt vorwärts drängt, mit Lust seinen zerstörerischen Weg bahnt und eines Tages doch in die ruhige Ebene fließen und seinen Segen spenden wird und am Ende auch das Meer erreichen muß.*

Schweig. Ich bin der Geist dieses Berges, und meine Kraft und Macht ist die dieses Berges. Und wehe wer sich ihm naht, er wird meine Gewalt spüren.

Doch ER lächelte, der Worte des Anderen nicht achtend: *Deine Kraft ist die Macht dieses Berges, und an diesen Berg bist du gebunden, ihm nur dienst du. Ist das deine Gewalt, daß du mich hier vor der Sonne schirmst? Deine Heimat sind die 4 Orte der Verdammnis, aber der Zeit und dem großen Rad der Verwandlung bist auch du unterworfen. Siehe hinaus auf das weite Land, das sich zu Füßen deines Berges gegen Sonnenaufgang bis in unsichtbare Ferne erstreckt und höre.*

ER richtete sich hoch auf, ohne den hinter ihm Stehenden zu beachten, seinen Blick der großen Ebene zuwendend und wies mit ausgestrecktem Arm nach Osten. Und so sprach ER:

Einst wird ein Volk aus dem Norden kommen und dieses Land besiedeln und ein großes Reich gründen. Siehe den mächtigen Fluß dort unten. ER machte eine weite Armbewegung über den vor ihm liegenden Horizont von Nord nach Süd. *Das Reich wird sich über seinen ganzen Lauf erstrecken, von seinen Quellen im ewigen Eis bis zu seiner Mündung im großen Meer, und es wird im Westen und Osten die ganze breite Ebene umschließen bis weit hinein in das bergige Land zu den Nachbarvölkern. In diesem Königreich wird es viele geben, die wohltätig und tugendhaft sind, aber es werden derer auch viele ohne Tugend sein und dem Bösen dienen. Dieses Volk aber wird vor allen Völkern mein Volk sein, das Volk mit dem rechten Glauben. Hier in der Ebene unter meinen Augen werden sie ihr großes Reich gründen, das rechte Licht anzünden und du*, nun wandte ER sich erstmals dem hinter ihm Stehenden zu, aber nur halb, *wirst dem Geschlecht der Könige meines Volkes angehören und dreimal ihr Herrscher sein. Dort unten aber, unweit des Flußufers, am Rande deiner großen Stadt, dort wirst du in deiner mittleren Herrschaft Stein auf Stein schichten, diesem Berge gleich wie in einem fahlen Erinnern an das Licht der Heiligen Wahrheit.*

14. Buddha über dem Ogre-Dämon thronend.

ER ließ den Arm sinken und blickte jetzt fest auf den Bergdämon hinab, der sich vor ihm auf den Fels geworfen hatte.

Oh Herr, DU bist der Auserwählte, der Beherrschende, der Erlöste und der Erlösende, DU bist das Licht der Heiligen Wahrheit. Jetzt erkenne ich dich.

ER aber lächelte milde auf den Knienden hinab und sprach. *Kein Herrscher ist größer als der, der die tugendhafte Herrschaft über sich selbst ausübt.*

Mit einer kurzen Armbewegung schlug ER das gelockerte Gewand wieder fest um seinen Körper, wandte sich und suchte leichten Schrittes den Pfad, den ER so mühsam hinaufgekommen und begann den Abstieg hinunter zu seinen Gefährten. Der mächtige Ogre-Dämon aber weilte an derselben Stelle noch über die ganze Nacht.

Aus dem Morgengrauen

In verschleierter Vorzeit waren sie aus den kargen Hochebenen der Länder des Nordens gekommen, die Pyu zuerst. Auf ihrem langen Marsch folgten ihnen später die Stämme der Birmanen. Beide, zunächst getrennt voneinander, siedelten sie in den warmen, glückverheißenden Ebenen, die den endlosen Lauf des Irrawaddy säumten, zögerlich noch die Birmanen, die Pyu im fruchtbaren Osten über Natogyi hinaus bis Kyaukse und weiter im Süden, wo sie über die Zeiten erste kleine Zentren bildeten und das umliegende Land in Besitz nahmen. Ihren großen Mittelpunkt 638 unserer Zeitrechnung schufen sie in Sri Ksetra, nannten es "Glückliches Land", damals nicht sehr weit von der Flußmündung, erst über die Jahrhunderte bildete sich das Flußdelta rasch weiter aus. Obwohl vom Hinduismus beeinflußt, übernahmen sie Ansätze des frühen Buddhismus, der aber usurpiert worden war von den Ari-Priestern mit ihren animistisch-hinduistischen Bräuchen.

Als wehrhaftes Volk hatten die Pyu sich den Boden genommen, aber in dem fruchtbaren Land wandelten sie sich zu kluger Friedfertigkeit: Sie nahmen eine kultivierte, feine Lebensweise an und schmückten nicht nur sich selbst, sondern auch ihre Häuser mit Werken der Kunst. Gefängnisse und Ketten waren ihnen fremd, unvermeidliche Strafen bestanden aus wenigen Peitschenhieben. Die Regierung zeichnete sich durch Maß und eine humanes Verhalten aus. Ihre alten Stammeswerte hielten sie hoch. Untereinander bildeten sie einen nur losen Verbund und gingen respektvoll miteinander um. Sie verwendeten keine Seide, da deren Herstellung mit der Vernichtung von Leben verbunden war. Im kriegerischen Kampf untereinander floß bald kein Blut mehr, zwei Armeen traten gegeneinander an, und es gewann jene, die am schnellsten eine heilige Stupa zu Ehren des Buddha erbauen konnte. Eine Fehde legten zwei verfeindete Stämme bei, indem die Königin des einen Stammes den König des anderen heiratete.

Aber dann, um 832, stieß das Volk der Nanchao aus dem westlichen Yünnan kommend auf einem Kriegszug bis nach Sri

Ksetra vor. Sie plünderten und zerstörten die Stadt und verschleppten viele ihrer Bewohner, ein trauerndes Land zurücklassend, das nun nach und nach das Volk der verwandten Birmanen in Besitz nahm, sich mit den verbliebenen Pyu vermischend.

Die Ansiedlung an der Krümmung des Irrawaddy, einige Kilometer unterhalb des Zuflusses des Chindwin, gegenüber und überragt vom Mt. Tangyi, mochte unter den Pyu schon lange bestanden haben, als der Herrscher Pyinbya 849 durch den Bau einer gewaltigen Ziegelmauer den Ort befestigte und wehrhaft machte. Das war die eigentliche Geburtsstunde von Pagan, damals noch von Wald und fruchtbarem Land umgeben, in dem die zersplitterten Stämme der Birmanen hausten. Hier geschah es, daß der Enkel des Bruders des lokalen Herrschers Theinhka an ein reiches Haus in Sale südlich von Pagan verkauft wurde. Es war Sale Ngahkwe, der Betel-Blüten liebte und die Süße des Honigs, wohlriechende Puder und Salben, schöne Kleider, gutes Essen, und er pflegte sein Haar dreimal am Tag. Einmal sandte ihn sein Herr mit einem Boot nach Pagan. In der Nacht bevor Sale Ngahkwe den Ort erreichte, träumte er, sein Darm trete aus dem Nabel und umschlänge die ganze Mauer der herrschaftlichen Stadt.

In Pagan angekommen prophezeite ihm der Deuter: *Eines fernen Tages wirst du es sein, der im Königreich Pagan herrscht.* Sale Ngahkwe kehrte nach Sale zurück, doch schon bald wurde ihm sein Herr unerträglich. So flüchtete er nach Pagan und trat in die Dienste von König Tannet, Sohn des Pagan-Gründers Pyinbya und Großvater Anawrahtas. Als der König, dem der junge, geschickte Sale Ngahkwe sehr gefiel, seiner ärmlichen, abgerissenen Kleidung ansichtig wurde, hatte er mit dessen Jugend Mitleid und ernannte ihn zum königlichen Stallmeister.

Die Jahre vergingen. - Dann geschah es in den Stallungen: Zwischen König und Sale Ngahkwe kam es zu einem heftigen Streit um eine Konkubine. Tannet fiel. Mutig und geschickt machte sich Sale Ngahkwe, der über geheimnisvolle Kräfte zu verfügen schien, durch Drohungen die Königin, Konkubinen und Höflinge gefügig und wurde am Ende selbst König.

... *du wirst dem Geschlecht der Könige meines Volkes angehören und dreimal ihr Herrscher sein*, das waren SEINE Worte an den Ogre vom Mt. Tangyi gewesen. Erstmals hatte sich nun die Prophezeiung erfüllt. Diese dämonische Abstammung verschaffte Sale Ngahkwe Glanz, Pracht und Macht. Aber er war von unbeherrschter Natur. Leicht entbrannte in ihm großer Zorn. Er war hochmütig, von unersättlicher Gefräßigkeit und hatte grobe Manieren. Seine Minister und der Hof waren in ständiger Angst vor ihm. Sale Ngahkwe erschlug seinen ehemaligen Herrn und in der Folge alle Männer, die diesem ähnlich waren, ließ sie in Gruben stoßen und vom Elefantenrücken aus mit Lanzen wie Schweine erstechen. So wütete der Dämon in Sale Ngahkwe über neun Jahre.

Schließlich taten sich am Hofe einige tapfere Männer zusammen, bestachen den Aufseher der Elefanten mit einer ungeheuren Summe. Als der König dann durch ein tiefes Gewässer ritt, durchtrennte dieser die Schnüre des großen, überdachten Elefantensitzes. König und Gestell stürzten ins Wasser, und unter der Last ertrank Sale Ngahkwe. Einige uneingeweihte Diener versuchten dem König zu Hilfe zu eilen, doch es hieß, sie seien durch die Gestalt eines riesigen Ogre abgeschreckt worden, der sich aus seinen Eingeweiden erhoben und auf die Brust des Sterbenden gesetzt hatte.

Das war die Geschichte von Sale Ngahkwe, aufgrund seiner dämonisch-zerstörischen Natur unfähig zu einer Vision, unfähig aufzubauen und die Stämme zu einen, die im Morgengrauen eines großen Volkes heranwuchsen.

Das Reich entsteht

ER hatte prophezeit: *Einst wird ein Volk aus dem Norden kommen und dieses Land besiedeln und ein großes Reich gründen. Dieses Volk aber wird vor allen Völkern mein Volk sein, das Volk mit dem rechten Glauben.*

25 Jahre lang hatte Anawrahta, Enkel des Königs Tannet, ausgeharrt und manchen Groll in sich verschlossen. Jetzt sammelte er seine Getreuen am Mt. Popa. Sokkate, sein älterer Halbbruder und König von Pagan, hatte ihn verhöhnt. Unter dem Vorwand, es gehöre zu seinen königlichen Pflichten, die ehemalige Königin, Anawrahtas Mutter, zu heiraten, hatte er den jungen Anawrahta mit den Worten: *Jetzt bist du nicht nur mein Bruder, sondern auch mein Sohn,* herausgefordert. Am südlichen Rand von Pagan, am Myinkaba Fluß, kam es zum Kampf. Sokkate, von Anawrahtas Lanze schwer getroffen, wurde von seinem fliehenden Pferd ins Wasser gerissen und ertrank. Der Sieger ritt ins Kloster, wo er mit seiner Mutter und seinem ehemals königlichen Vater lebte. Dieser war durch Tücke gezwungen worden, auf den Thron zu verzichten und die Mönchsrobe zu nehmen. Tief verbeugte Anawrahta sich vor seinem Vater und bot ihm den Thron von Pagan an. Der aber antwortete: *Mein Sohn, ich bin zu alt König zu sein. Sieh überall den Verfall im Land. Sei du es.* Doch Anawrahta quälte sich monatelang mit Reue über des älteren Bruders Tod. Dann jedoch begann er mit der Errichtung der Myinkaba Zedi an dem Ort des tragischen Zweikampfes, um Sühne zu leisten und sein Karma zu besänftigen, und so machte er sich schließlich frei für die Angelegenheiten des Landes.

Im Jahr 1044, dem Zeitpunkt des Geschehens, war Pagan weniger ein Königreich als ein lokales Stammesgebiet, das Stammland der Birmanen, mit dem heiligen Mt. Popa als geistigem Zentrum, das sich in Nordsüdrichtung vielleicht 300 km entlang des Irrawaddy ausdehnte, mit Pagan als Herrschaftszentrum.

Karte II: Birma heute und zur Paganzeit.

Nun König, regierte Anawrahta klug und mit eiserner Hand, festigte das Land, vereinigte die umliegenden Stammesgebiete der Birmanen, damit vorsichtig seine Herrschaft ausdehnend. Von seinen Soldaten wurde er gefürchtet und bewundert, doch liebten sie ihn nicht. Bei Todesstrafe hielt er strengste Disziplin. Nur widerwillig duldete er die im Lande vorherrschende Mischung von Mahayana Buddhismus mit hinduistischem Einschlag, den Animismus und die Ari-Mönche mit ihrem großen Einfluß auf die Gläubigen, die gleichzeitig dem Schamanentum huldigten und voller Verdorbenheit und Lasterhaftigkeit waren.

Zu dieser Zeit kam der buddhistische Mönch Shin Arahan aus den südlichen Mon-Staaten an den königlichen Hof, um die wahre, unverfälschte Lehre zu predigen. Seine Reinheit des Glaubens, seine Ehrfurcht gebietende, asketische Erscheinung, machten großen Eindruck auf Anawrahta. So ließ er sich von ihm zum Buddhismus bekehren. Damit gewannen des Königs weitere Unternehmungen doppelte Kraft: In den folgenden Jahren dehnte er sein Königreich bis zum Meer aus, und er verhalf dem wahren Glauben zum Durchbruch. Für die Festigung des Glaubensfundamentes aber waren die heiligen buddhistischen Schriften unabdingbar. Die Tripitaka aber hatten die Mon am südlichen Meer in Besitz. Als der Mon-König Manuha von Thaton die Bitte des Pagan-Königs um Abschriften der heiligen Werke des Theravada Buddhismus auf grobe Art ver-

15. Mönch.

weigerte, zog Anawrahta mit seiner um zahlreiche Kriegselefanten verstärkte Streitmacht aus, belagerte die befestigte Stadt und nahm sie schließlich ein. Er überließ sie seinen Soldaten zur Plünderung unter der Bedingung, daß die Bevölkerung geschont würde. Mit den heiligen Schriften, einer Buddha-Haar-Reliquie, dem gefangenen Mon-König und seinem Gefolge zog Anawrahta im Triumphzug in Pagan ein. Aber auch Mönche, Schriftgelehrte, Künstler, Handwerker aller Art, insgesamt 30 Tausend Personen, 32 weiße Elefanten und das Alphabet der Mon begleiteten die Heimkehrer.

Anawrahta hatte sein Reich, das erste der Birmanen, und den Zugang zum Meer geschaffen. In den folgenden Jahren dehnte er es auch in die anderen Himmelsrichtungen aus. Seine Truppen kamen dabei nach Chiangmai und mit ihnen sein Einfluß und der Theravada Buddhismus bis in das fruchtbare Schwemmland des Menam-Tals und nach Kambodscha. Um das birmanische Kernland herum installierte er Vasallenkönige, in den Mon-Ländern setzte er ihm ergebene Gouverneure ein, in Arakan, im Südwesten, beließ er den König in relativer Unabhängigkeit, mit dem ebenfalls buddhistischen Fürstentum Pateikkaya im Westen schloß er eine Allianz. Dann wandte er sich in einem Feldzug nach Norden, wo die tibetisch-birmanischen Stämme siedelten, gelangte bis an die Grenze zu Yünnan und erhielt von dem Thaivolk der Nanchao die heilige Reliquie eines Buddha-Zahnes. Auf dem Rückmarsch verpflichtete er auch die Shan-Stämme im Osten zur Loyalität und setzte eine Reihe von untergeordneten Königen ein. Er errichtete am Rande der Shan-Hochebene in Abständen zahlreiche Forts, die er mit Garnisonen seiner Leute besetzte, um dem Bevölkerungsdruck aus dem Osten zu begegnen. Im Kyaukse-Gebiet, der Reiskammer seines nun ausgedehnten Reiches und Grundlage für dessen Erhalt und weitere Entwicklung, baute er das rudimentäre Bewässerungssystem erheblich aus.

Auf dem Rückweg von Yünnan ließ Anawrahta im heutigen Mandalay Distrikt aus Dankbarkeit für den gelungenen Feldzug die Taungbyon Pagode errichten. Jeder Einzelne seiner Getreuen sollte dazu einen Ziegelstein beitragen. Als sich die Shwepyin-Brüder, zwei junge Kriegshelden, verweigerten, war Anawrahtas Spruch hart: er ließ sie auf der Stelle hinrichten. Seine Gefolgsleute waren darüber äußerst erregt, denn die Brüder waren sehr angesehen gewesen. Um sie zu besänftigen, erklärte er die Hingerichteten zu Nats, mächtige Geistwesen, denen man huldigen dürfe.

Auf seinem Mon-Feldzug hatte Anawrahta bereits die Khabin Maung Di Zedi erbaut. Daheim in Pagan ließ er einen weißen Elefanten wandern und wo dieser niederkniete, errichtete er eine Pagode, so auch auf dem Mt. Tangyi, und für die Buddha-Haar-Reliquie aus Pegu die Shwehsandaw Pagode. Er erweiterte und stattete auch die beiden Petteik Pagoden beim Thiripyitsaya Dorf reichlich aus, errichtete die Pitakataik Bibliothek und ins Ende seiner Regierungszeit fiel möglicherweise auch der Baubeginn der goldglänzenden Shwezigon. Über sein ganzes Reich zerstreut aber fanden sich seine Buddha verehrenden Votivtafeln.

Der Mönch Shin Arahan wurde zum Mahathera seines Reiches und spirituellem königlichem Ratgeber ernannt, die Häupter der Ari-Priester verloren ihren Einfluß, ihre engen Gefolgsleute wurden für die Armee rekrutiert. Gegenüber dem volkstümlichen Geisterglauben war Anawrahta tolerant, begrenzte ihn aber, indem er die Vielzahl an Geistern zusammenfaßte zu 36 Nats, angeführt von den beiden Mahagiri Nats am Mt. Popa, stellte als 37igsten Thagyamin als Wächter Buddhas voran, und ließ sie in Schreinen verehren, unter anderem in der Shwezigon Pagode, die ebenso eine Vielzahl von buddhistischen Reliquien erhielt. Auf die Frage, warum er diesen Geisterglauben noch dulde, antwortete Anawrahta: *Die Menschen werden nicht wegen des neuen Glaubens kommen. Laßt sie zu ihren alten Göttern pilgern und so langsam für den neuen Glauben gewonnen werden.* Zur Festigung des Buddhismus veranstaltete er prachtvolle Prozessionen mit heimgebrachten Reliquien, lud berühmte Mönche aus den Mon-Ländern, aus Sri Lanka und Indien nach Pagan ein, errichtete zahlreiche Klöster, in denen die Bevölkerung nicht nur in religiöser Andacht unterwiesen wurde, sondern auch Lesen und Schreiben lernte, regte Künstler, Architekten, Holzschnitzer und Artisten an, sich in Pagan niederzulassen.

Die verschiedenen birmanischen Stämme hatte er zu einem Volk, zu einem Reich geformt. Er achtete aber auch darauf, daß seine Birmanen sich gegenüber den anderen Volksstämme seines Reiches nicht anmaßend benahmen. Anawrahta war streng bis rücksichtslos in der Verfolgung seiner Ziele, gleichzeitig jedoch maßvoll. So konnte es ihm gelingen, die Kern-Eroberungen zu einer dauerhaften Einheit zu formen und an seine Nachfolger weiterzugeben. Gottkönigtum verwarf er, er war selbst mit den vom Volk verehrten Göttern streng.

Die Sage erzählt Anawrahtas Ende unterschiedlich. Danach kehrte er 1077 nach Pagan zurück; bei der Nachricht, ein wilder Büffel terrorisiere die Gegend von Myitche, eilte er sofort dorthin. Als er den Fluß nach Myitche überquerte, griff das Tier ihn überraschend an und tötete ihn. Aber es wird auch erzählt, Anawrahta in seiner Härte auch Göttern gegenüber, hätte eine ihrer Statuen gezüchtigt. Darauf habe sich diese in einen wilden Büffel verwandelt und ihn am Fluß durchbohrt. Sein Leichnam mochte von der Strömung in den Irrawaddy geschwemmt worden sein, sie wurde nie gefunden.

Mit der Entstehung des Reiches hatte sich SEINE Prophezeiung erfüllt, die Dynastie der Tempelbauer war begründet. Und der Dhammayangyi? Sein Boden ist bereitet, seine Geschichte beginnt.

Der Mönch Panthagu

Gut 40 Jahre später. - Der Mönch Panthagu wurde zum König gerufen. Alaungsithu, ein Enkel Anawrahtas, befand sich nicht im Audienzsaal, sondern in einem der Seitenkabinette des Palastes zu Pagan. Ungewohnt huldvoll kam er dem ihm lang vertrauten Mönch mit ausgestreckten Armen einige Schritte entgegen, geleitete ihn zur niedrigen, geschmückten Empore, auf die er sich niederließ. Der Mönch kniete vor ihm auf dem Boden.

Panthagu, ich habe dich rufen lassen, begann er freundlich, *um mit dir eine wichtige Angelegenheit zu besprechen. Du kennst Dhammakyin, den ersten Minister unseres vormaligen, geliebten Königs Kyanzittha. Vor Jahren hat er auch mir treu gedient, und ich habe ihn in Ehren entlassen. Wegen seines weisen Rates haben wir ihn alle geschätzt. Leider ist ihm ein Sohn versagt geblieben. Seine früh verstorbene Frau hat ihm nur eine Tochter hinterlassen. Sie ist Hofdame bei der östlichen Königin. Wir lieben sie ihres Vaters, ihrer großen Schönheit und ihrer unschätzbaren Tugendhaftigkeit wegen. Ich möchte, daß du zu ihr gehst. Ich werde sie zu meiner südlichen Königin machen. Gehe gleich morgen früh nach den Staatsgeschäften zu ihrem alten Vater. Anschließend berichte mir. Am nächsten Vollmond soll die Hochzeit sein. Ich möchte, daß du es bist, der die Wasserzeremonie ausführst.*

Der König winkte einem entfernt stehenden Diener mit einem goldgelackten Kästchen in der Hand und reichte es dem Mönch.

Dies gibst du ihr in meinem Namen. Von derlei Geschmeide wird ihr mehr gehören als Tage und Nächte in einem Jahr wechseln. Der königliche Glanz wird ihr Herz erfüllen und in allen ihren Nachkommen erstrahlen. Jetzt geh.

Panthagu erhob sich ohne etwas zu erwidern und verließ den König mit dem glänzendem Kästchen unter seinem ockerfarbenen Überwurf. Er war vom König erhoben worden.

Und es geschah alles so, wie es der König befohlen hatte.

16. Königliches Palastgebäude mit dem heiligen weißen Elefant.

Der Traum

Es war noch vor Sommeranfang, die Zeit der trockenen und brennenden Tage. Der glühende Himmel strich über die ausgedörrte Erde, lechzte nach Feuchtigkeit und wirbelte erstickenden Staub auf. Während die Sonne sich neigte, zog sie einen feurigen Schweif nach, der noch weit in die versinkende Dämmerung reichte.

In den königlichen Gemächern war es still geworden. Vom dunklen Wasser des Irrawaddy blieb diesmal die Kühle aus. Er verschluckte sein Murmeln, als wollte er stille stehen.

Im südlichen Palast wälzte sich die junge Königin auf ihrem Lager. Die Stille der lähmenden Nacht legte sich auf ihre Brust, preßte sie zusammen. Sie wagte nicht ihre Glieder auszustrecken, machte sich ganz klein, zog die Beine weit herauf und umschlang sie seitwärts liegend, als könnte sie so dem Druck entgehen. Dann verlor sie sich in einem Dahindämmern in einem Gewirr von auf und ab schwebenden Gestalten, die auf merkwürdige Weise keine Notiz von ihr nahmen. Aber es war da Gelächter und Wasser, das über deren Körper lief. Nach Wasser dürstete es auch sie, und sie griff gierig nach dem gefüllten Gefäß zur Seite ihres Lagers - aber in den Händen hielt sie die Jackbaumfrucht. Wie abwesend reichte sie die Frucht weiter an eine Dienerin und befahl ihr sie zu zerschneiden - aber die Dienerin nahm einen Stein und spaltete die Frucht mit einem Schlag.

Entsetzt fuhr die Königin hoch. Um ihr Lager war die Stille des schlafenden Palastes, aus dem nur ihre verwirrten Gedanken widerhallten, die sich bald in lauter kleine Flammen auflösten und über den Boden dahinrannten, sie einkreisten und zur Flucht trieben auf einen nahen Wald zu, der dunkel und kühl schützend lockte. Als sie näher kam, lichtete er sich, darin knisterte ein schwebendes Rot. Ihre Hände strichen über knotigen Bambus.

Am nächsten Morgen schickte die von dem wirren nächtlichen Erlebnis verängstigte Königin nach dem Meister der weißen Magie. Ihm folgte der Meister der schwarzen Magie.

Und sie weissagten der südlichen Königin die Geburt eines dämonischen Sohnes, der die Kraft des Tages und die Macht der Finsternis in sich vereinigen würde.

Die Geburt

Es geschah am dritten Samstag nach dem Ende der Fastenzeit. Panthagu hatte seine Gebete im Shwegu Tempel beendet und strebte in dem noch erhitzten Abend auf dem Weg zu seiner Ruhestätte dicht am Palast vorbei. Das Glühen der Sonne hatte sich weit über den Himmel ausgebreitet, war dann langsam in einem Spiel von Farben erloschen und hatte sich schließlich zu Sternen zusammengezogen. Das ist die andere Welt, dachte der Mönch, die uns stets ein heiliges Versprechen ist für das Danach, die Heimat unserer - . Ein Schrei schnitt durch die Nacht, einmal kurz, ein zweites Mal fast noch lauter und länger, aber dann stehenbleibend und schließlich in einem Wehlaut verklingend. Stille.

Panthagu lauschte starr und folgte dem Schrei durch die Gänge zwischen den Häusern und Tempeln hindurch, in den Palast hinein und dort in eine der zahlreichen Kammern. Es war die helle, erschreckte und gequälte Stimme eines Weibes. Schweigen, nur noch Nacht. Dem Mönch fröstelte. Er zog sein Gewand enger, blickte wie ratsuchend auf zu dem gleichmütigen, unveränderten Funkeln über ihm und eilte schließlich weiter zum heimischen Kloster, hin und wieder eingeholt vom Widerhall des schrecklichen Lautes.

Am nächsten morgen wurde Panthagu zum König gerufen. Die südliche Herrin habe einen Sohn geboren. Panthagu solle sich auf die Erziehung des Prinzen, mit der er in wenigen Jahren zu beginnen habe, vorbereiten.

Eine dem Mönch vertraute Dienerin des Palastes flüsterte ihm zu, das Neugeborene habe zunächst erschreckend schwarz ausgesehen, niemand habe es berühren mögen. Mit dem Licht des heraufdämmernden Tages sei das neue Wesen dann langsam heller geworden. Auch habe es den 'Heiligen Fleck' und den Königsstreifen.

Panthagu war über das Gehörte zutiefst beunruhigt. Die Schwärze des Körpers wies auf tierische oder dämonische Abkunft, der 'Heilige Fleck' deutete auf eine frühere Existenz als Mensch in bevorzugter Stellung hin. Diese Verbindung bedeutete nichts Gutes. Schlimmer noch der Königsstreifen, verhieß er doch zukünftige königliche Macht - dieser Mensch war unantastbar. Die königliche Macht aber stand bereits dem älteren Bruder Minshinzaw, dem östlichen Prinzen, zu.

Einige Tage später gab man dem Knaben den Namen Narathu, der südliche Prinz.

Der Vatermord

Jahre waren vergangen. Panthagu hatte längst seine Erziehungsaufgabe beendet. Er hatte damit großen Erfolg gehabt. Diesen Prinzen zu unterrichten fiel leicht. Alles, was der Mönch ihn lehrte, schien er auf geheimnisvolle Weise schon zu wissen. Es gab da aber auch etwas Beunruhigendes: Panthagu vermochte gerade wegen der Leichtigkeit, mit der der kindliche Narathu ihm die Lehren abnahm, nicht zu erkennen, was davon wirklich in die Tiefe der Seele eingedrungen war und sie gebildet hatte. Die erhabene Lehre und das Wissen um den Menschen schienen auf unergründliche Weise über dem Knaben wie zu seinen Diensten zu schweben - Herz und Verstand nahmen sich, was immer sie gerade brauchten.

Im hohen Alter wurde dem König Alaungsithu die Lieblingstochter des Fürsten von Pateikkaya von jenseits der Chin Berge, Prinzessin Kraphan, vermählt. Sie war die Freude seines Alters. Ihr Erscheinen bei Hofe sollte sich noch als bedeutsam für den düsteren Fortgang der Geschichte erweisen.

Denn nun nahm das Verhältnis des Königs zum Kronprinzen eine schlimme Wende. Der Neid Minshinzaws, seines ältesten Sohnes, auf die bevorzugte Stellung eines Günstlings namens Anantathuriya, erster Minister, führte zum Streit mit dem königlichen Vater, der ihn im Zorn darauf seiner Ämter und seines Vermögens enthob und ihn ins Gefängnis werfen ließ. Erst das Flehen der königlichen Mutter und die Bitten seiner Minister vermochten den König milder zu stimmen. Er gewährte dem Sohn seine Elefanten, seine Pferde, seine Leibgarde und verbannte Minshinzaw in das entfernte Htunton Putek. Kaum dort angekommen, schüttelte der tüchtige Kronprinz den Hader ab, begab sich auf Erkundungsreise, begann anschließend mit der Entwicklung der Provinz und machte sich an den Entwurf und die Ausführung einer Reihe nützlicher Bewässerungsprojekte für den Reisanbau.

Am Hof zurück blieb der inzwischen herangewachsene jüngere Bruder des Verbannten. Er tat nichts um den Älteren zu zügeln oder den Zorn des Vaters zu besänftigen. Narathu verbarg seine heimliche Freude über des Bruders Verbannung, seine Bestimmung zu herrschen wurde ihm zur Gewißheit. Er wurde jetzt des Königs Stellvertreter und unternahm von da an alles, um sich dem Vater in den politischen Tagesgeschäften unentbehrlich zu machen.

Mit 81 Jahren erkrankte der König schwer. Nach seiner Genesung war er sichtlich geschwächt. Narathu entschloß sich, ihn in den Shwegu Tempel, von Alaungsithu erbaut, zu bringen und begleitete ihn dorthin in der Hoffnung, der königliche Vater würde hier langsam bis zum Ende dahindämmern und ihm bei den Staatsgeschäften nicht mehr dreinreden. In der Ruhe des Tempels jedoch kam der König wieder zu Kräften.

Dies ist nicht mein Palast, rief er voller Zorn, w*essen Verräterei ist das?*

Euer Sohn Narathu hat es so befohlen, antwortete ihm die Dienerin Preta.

Alaungsithu bebte vor Wut und machte Anstalten in den Palast zurückzukehren. Narathu erfuhr davon und eilte voller Sorge zum Tempel. Ihm war bewußt, ein gesundeter König würde ihn vernichten, hatte er inzwischen doch königliche Gewalt in eigenem Namen ausgeübt. Am Tempel angelangt, sah er den Greis schwer atmend auf seinem Lager, stark geschwächt vom Wutanfall. Ein kurzes Zögern, dann ergriff Narathu eine Decke und drückte sie dem ächzenden Vater aufs Gesicht. Einzig die Dienerin war Zeugin. Mit entsetzten Augen starrte sie auf das Geschehen. Der Vatermörder begriff sofort und näherte sich drohend der jungen Frau. Mit einem Aufschrei sank sie zu Boden und flehte um ihr Leben. Der Lärm lockte einen den König betreuenden Mönch herbei. Der erfaßte das drohende Unheil und warf blitzschnell seine Robe über die Kniende. Sie war dem Buddha geweiht, unantastbar selbst für den Prinzen.

In dieser Nacht sahen die Bewohner Pagans seltsame Zeichen am Himmel und behaupteten später, daß Jupiter und Mond miteinander gekämpft hätten. Bei des Königs Begräbnis brachen an dem Ort seiner Verbrennung unreine Lichtstrahlen aus der Erde. Im gleichen Jahr fielen das Wasserfest und die Reife der Brotfrucht zusammen. Unheil kündigte sich an.

Der Brudermord und ein Schwur

Auf die Nachricht vom Tod des Vaters hin sammelte Minshinzaw seine bewaffneten Getreuen und machte sich als der rechtmäßige Thronerbe auf den Weg zur Königsresidenz. Narathu geriet in Panik. Er ließ den hochgeehrten Mönch Panthagu rufen und bat ihn um Vermittlung. Der lehnte ab, er befürchtete Falschheit. Erst als Narathu schwur, er würde des Bruders Schwert tragen und ihn auf den Thron setzen, willigte er ein. Panthagu ging Minshinzaw entgegen und erklärte ihm im Namen Narathus, daß das Königtum ihm offen stünde. Die Krönung des älteren Bruders wurde vorbereitet und vollzogen.

In der folgenden Nacht starb Minshinzaw an Gift.

Narathu floh zum heiligen Popa Berg, verfolgt von dem doppelten Königsmord an Vater und Bruder. Dort stand der Tempel seines Vorfahren Sale Ngahkwe, wohin ihn auch schon früher oft eine unbewußte Kraft gezogen hatte. Verzweifelt stürzte er dort nieder, vor ihm im Dunkel des Inneren leuchtete der rote Rubin. In der Nacht wandte er sich an den Beherrscher der heiligen Stätte, an den Mahagiri Nat, warf sich vor ihm auf den Boden, klagte sich an und haderte mit seinem Schicksal.

Darauf sprach das rot-gebündelte Feuer zu ihm: *Vom Mt. Tangyi bist du gekommen, von ihm kannst du dich nicht lösen, so wie ER dir das Gesetz geweissagt hat. Dreimal sollst du König sein. Jetzt bist du der mittlere! So befiehlt es dein Karma. Höre darum: Baue einen großen Tempel zu Ehren des Erleuchteten und zünde das Licht der Heiligen Wahrheit an. Wenn sich das Dhamma, das heilige Gesetz vollendet hat, wird dieses Licht auch deinem Karma leuchten.*

Wie zur Bekräftigung schwoll der tiefrote Glanz des Rubins zu einem blendenden Strahlen. Narathu wandte sich von dem starken Licht ab, keines Widerspruchs fähig. Wie betäubt ging er davon und verbrachte die Nacht in einer stillen Ecke des Klosters zu Füßen des Mt. Popa. Er schlief unruhig, die Worte des Mahagiri Nats hatten ihn nur wenig beruhigen können. Wieder stiegen die bedrängenden Bilder in ihm auf und verfolgten ihn. Aber immer endeten sie in einer Ebene östlich vor den königlichen Toren Pagans, die ihm so außerordentlich bedeutsam erschien.

Die Kühle des dämmernden Morgens weckte Narathu. Er stützte seinen grüblerisch schweren Kopf in die Hände und versuchte sich über die Ereignisse der letzten Nacht klar zu werden. Da brannte es in ihm auf, das Licht der Heiligen Wahrheit, die Vision des Dhammaramsi. Und Narathu schwur, diesen Tempel wolle er bauen, sofort wolle er beginnen, und er sollte größer, schöner, mächtiger werden als alles andere, was bisher gebaut worden war. Seine Bedrängnis war gewichen.

Auf dem Rückweg nach Pagan kam ihm eine Abordnung der Minister und des Hofes entgegen, um ihn als ihren König heimzuführen. So wurde der unselige Narathu, der "mächtige Ogre vom Mt. Tangyi" zum Gebieter des Weißen Elefanten, zum Spender des Dhamma, wurde zum rechtmäßigen König, geweiht durch Begießen mit dem reinen, heiligen Wasser. Zur Festigung seiner Königswürde machte er Kraphan, die Tochter des Fürsten von Pateikkaya und junge Gemahlin des greisen Alaungsithu zu seiner Königin des südlichen Palastes.

Inzwischen hatte auch Panthagu von der Untat des Brudermordes erfahren. Er eilte zum Palast und erhob mächtig seine Stimme.

Du schändlicher, du niederträchtiger König! Fürchtest du nicht deine Verdammnis im Kreis der Wiedergeburten? Auch wenn du jetzt regierest, denkst du nicht an das Ende, an den Tod? Da ist kein König auf dieser Erde unseliger als du.

Der so angesprochene jedoch entgegnete kühl, er habe seinen Schwur gehalten und Minshinzaws Schwert getragen und ihn auf den Thron gesetzt. Aber nun wolle er einen Tempel errichten, größer und schöner als alles bisherige.

Der edle Mönch blieb unbeeindruckt, er verfluchte Narathu und sein geplantes Bauwerk.

Und er sprach: *Größere Niedertracht und Schande vereint kein Mensch in dieser Welt. Verflucht seien deine Taten!*

Darauf verließ der Mönch den Palast und das Land. An diesem verruchten Ort wollte er nicht länger weilen und schiffte sich nach den heiligen buddhistischen Stätten in Sri Lanka ein.

Der Bau des Tempels

Mit seiner Vision lebendig vor Augen begann der junge König schon bald damit, sich nach einem geeigneten Tempelbauplatz umzusehen. Ruhelos blickte er vom ummauerten Palastbezirk aus nach Osten in die städtische Ebene Pagans, ohne daß seine Augen den gesuchten Halt auf einem Fleck fanden. Er ließ einen weißen Elefanten frei, um den heiligen Ort zu finden, aber dieser hielt sich an die Büsche mit den zarten Blättern, die an den Gemäuern der Pagoden unangetastet gediehen. Narathu flüchtete schließlich, wie er es in seiner Jugend oft in einer Bedrängnis getan hatte, über den Irrawaddy zum Mt. Tangyi und aufwärts. Oben fühlte er sich frei und unbeschwert, geheimnisvolle Kräfte wuchsen ihm hier zu. Er blickte gelöst über den breiten, trägen Fluß, über seinen Palast, über seine Stadt und die anschließende Ebene seines Reiches, die in der unscharfen Ferne nur durch einen Bergkamm Unterbrechung fand. Vor seinem Aufbruch hatte er befohlen, sämtliche weißen Elefanten, von denen er zu dieser Zeit acht besaß, freizulassen. Vom Mt. Tangyi hinab sah er, wie sie sich alle in einem Gebiet östlich des Palastes verteilt hatten, aber nicht zu weit voneinander, und alle zusammen bildeten sie einen weiten Kreis, in dessen Zentrum sich ihm für den Augenblick das Licht der Heiligen Wahrheit auftat.

Zurückgekehrt, vollzog der König die Weihe des Bauplatzes mit großem Pomp und ließ das königliche Wasser auf die auserwählte, geheiligte Erde fließen. Dann bestellte Narathu seine besten Architekten, deutete mit ein paar Strichen im Sand den Ananda Tempel an, zog von oberhalb der Spitze nach links und rechts zum Grundriß je eine Linie, so daß die Umrisse etwas Pyramidenartiges bekamen und befahl, sofort mit dem Bau zu beginnen.

Die ersten Entwürfe der Baumeister wurden von ihm immer wieder geändert und eifersüchtig wachte er darüber, daß sein Tempel den Ananda und auch den Thatbyinnyu an Masse und Herrlichkeit schon im Entwurf übertraf. Als endlich die Bauarbeiten auf dem Gelände begannen, gab es kaum einen Tag, an dem er nicht auf dem Bauplatz erschien, um die Arbeiter anzutreiben und ungeduldig zur Eile zu mahnen, dabei jede kleinste Nachlässigkeit sofort hart bestrafend. Ständig kontrollierte er die sorgfältige Ausführung der Maurerarbeiten.

Während sonst die Männer gerne dem Ruf der Herrscher gefolgt waren, um an einem Tempelbau teilzunehmen, was für ihr Karma sehr verdienstvoll war, arbeiteten sie sich an diesem Bauwerk des Königs zuschanden. Sie versuchten, wo immer möglich, dem Zwang zu entfliehen. Bald kam der rasende Narathu nicht mehr umhin, Dorfbewohner selbst aus ferneren Gegenden seines Reiches zum Frondienst am Tempel zu pressen. Aber so wuchs das Gerüst rasch aus den Fundamenten in gewaltiger Breite in die Höhe, und die Tage auf dem Bauplatz vergingen mit ihren wechselnden Schrecken. Dann geschah dieses:

Von oben ein Schrei: *Der König!*

Das den Tempelbau umkrallende Gerüst begann unter eilenden Schritten zu schwanken, um die Baustelle herum lief das Ächzen der gebundenen Bambusstämme. Die dunklen Gestalten rannten aufgescheucht durcheinander, bis sich das scheinbare Chaos auflöste und jeder seinen Platz gefunden hatte, schwitzend den Mörtel rührte, die gefüllten Tröge und die Bretter mit den handlichen braunen Ziegeln das Gerüst aufwärts balancierte. Maurerkellen knirschten auf dem Gestein, die Aufseher brüllten auf die geduckten Häupter zu neuem Ansporn - die Pulse rasten. Sie brauchten diese harten Worte, die Maurer, Zimmerleute, Ziegelsteinträger, Architekten und Künstler, denn wie sonst konnten sie dem verhaßten König, diesem Menschenschinder, dienen. Viele der Handwerker und Künstler waren dem Ruf der Königin Kraphan gefolgt, um ihr zu dienen, der Tochter ihres Herrn, des Fürsten von Pateikkaya weit im Westen. Aber jetzt hatte Narathu Min, dieser Tyrann, sie usurpiert und quälte sie mit seinem Bauwerk, trieb sie täglich bei seinen Besuchen härter an, als ahnte er bereits sein nahendes Ende. Dieses Werk mußte ihm gelingen, ihn aus dem schrecklichen Karma befreien; ja, er fühlte es, nur diese Tat konnte es sein, dieser Tempel, den er dem Gautama weihen wollte. Narathu schien bewußt zu sein, daß seine unzähligen Untaten, diese Morde und anderen schrecklichen Geschehnisse, nur durch das alles Bisherige übertreffende Bauwerk zu Ehren des Allerhöchsten zu sühnen seien.

Schon war der König heran mitsamt seinen Berittenen. Lähmende Stille in den Herzen auf dem Bauplatz, kein Wort – und doch war es nur das tägliche Ritual. Direkt vom Pferd aus ergriff er die nächste Bambussprosse und schwang sich auf die erste Plattform und weiter. Ein paar hastige Schritte zum frisch gemauerten Abschnitt. Aus seinem Gewand zog er eine lange, feine Metallnadel und stach einige Male an verschiedenen Stellen kräftig in die noch feuchten, sehr schmalen Backsteinfugen. Zweimal leistete der Mörtel dem Einstich deutlichen Widerstand, beim dritten Mal aber glitt sie in einen winzigen Hohlraum. Ein böses, kurzes Lachen, ein Wink - die kleine dunkle Gestalt, verantwortlich für dieses Mauerstück, verlor die rechte Hand oder war gar des Todes.

In den Nächten wurde Narathu von bedrängenden Träume gequält, von dem Anblick seiner Arbeiter, die das Bambusgerüst abbauten und auf sein entsetztes Fragen ihm erklärten, das Bauwerk sei fertig. Er aber sah nur das rohe Mauerwerk, es fehlte die abschließende Stupa und ganz oben der Hti. Dann wieder sah er sich in der höhlenartigen Leere des Tempelinneren, und riesige Schatten näherten sich von den Eingängen und drängten auf ihn ein. Er rang mit dem noch unförmigen Geist, aber es war dann doch kein Ringen, nur ein schreckliches Gelächter, das durch die trüben kathedralartigen Gänge auf ihn zulief. So wurde Narathu Min von dem Bewußtsein seines Karmas gejagt.

Über die nächtlichen Gesichte wagte er zu niemandem zu sprechen. Dienerinnen in seiner Nähe fanden keine Ruhe, sie trockneten ihm den Schweiß und brachten ihm zu trinken. Wenn es gar zu arg wurde, riefen sie seine Schwester Ajawlat. Die Prinzessin kniete an seinem Lager nieder und sprach mit sanfter Stimme auf ihn ein, bis das erschöpfte Hirn endlich für einige Zeit Ruhe fand. Diese Schwester war der einzige

Mensch, zu dem Narathu ein zärtliches, fast liebevolles Verhältnis hatte. Nur auf sie vermochte er so etwas wie Wärme auszustrahlen, so als sei nur soviel davon in ihm, daß es gerade für dieses eine Wesen reichte.

Als der Bau des Tempels schon weit fortgeschritten war, schickte der König nach seinem alten Lehrer Panthagu im fernen Sri Lanka. Seine Boten brachten dem heiligen Mann und dem Kloster, in dem er lebte und meditierte, zahlreiche Geschenke und die Bitte, er möge in sein Land zurückkehren, um den großen Tempel dem Buddha zu weihen und das Licht der Heiligen Wahrheit zum Leuchten zu bringen.

Aber der ehrwürdige Mönch entgegnete dem König: *In deinem Tempel werden keine Gläubigen beten. Die Menschen werden den Tempel meiden, ängstlich werden sie sich daran vorüberschleichen, und auf ewig wird er sie erinnern an deine schrecklichen Taten.*

Der Dämon

Es war der Dämon des Mt. Tangyi, der in Narathu wütete. Sein unmäßiges Benehmen nahm immer schrecklichere Gestalt an. In einem Wutanfall tötete er die Königin Kyaban, die ihm von Alaungsithu zur Braut gegeben worden war. Seine Mordlust machte nicht Halt vor deren Sohn Ottarathu und nicht vor seinem Onkel Mahaba, dem Gelehrten. In seiner Raserei vergriff er sich sogar an den heiligen Männern und zwang großgewachsene Mönche in den Laienstand, um über sie für seinen Tempelbau verfügen zu können. Viele von ihnen flohen nach Sri Lanka. Die Königinnen, Konkubinen und Mägde fürchteten sich vor seinen Launen, haßten und verfluchten ihn in ihren Herzen. Die Bewohner des Landes trugen das Joch von Angst, Schweiß und Unterdrückung. Viele feste Plätze, Dörfer und Güter wurden von ihm zu Grund gerichtet. Alle Kraft des Landes schien in den Tempelbau und andere Maßlosigkeiten des Königs zu fließen. Die Menschen fühlten sich niedergedrückt von der Härte, Strenge und von den übertriebenen Ansprüchen des Königs. Sie mieden ihn wo immer sie konnten.

Und Narathu tötete aus Unbeherrschtheit, es waren deren viele: Prinzen, Prinzessinnen, Verwandte, Sekretäre und Soldaten. Er hielt die Armen nieder, verfolgte die Mönche und zwang viele in die Reihen seiner Soldaten ungeachtet ihres Gelübdes, nicht zu töten. Zeitweise war er nur noch Dämon, dann war alles Königliche von ihm abgefallen.

Oft war er betrunken. Er war hochmütig zu Gästen, die seinen Hof besuchen kamen. Zu den Vornehmen und seinen Ministern und Beamten war er grob, zu seinen Bediensteten roh. Er zürnte blindlings den Weisen, Einsiedlern und Mönchen, wütete gegen die Gelehrten, tobte gegen die Anverwandten und war gewalttätig gegen seine Diener, ja selbst gegen Kinder. Der leiseste Widerspruch und seine Ungeduld riß ihn zu einer neuen Untat hin. In allen Genüssen war er maßlos, bei Tisch gefräßig und in seiner Trunksucht hemmungslos. Den Besitz der Wohlhabenden sah er voller Neid und Habgier. Mit Hinterlist brachte er sie um ihre Güter, während er mit seinen Untergebenen in kleinlicher Weise abrechnete. In den Staatsgeschäften zeigte er sich überaus eitel und ehrsüchtig, nur diese beiden Eigenschaften schienen sein politisches Handeln zu bestimmen. Seine Soldaten schwankten zwischen Angst vor seiner Unberechenbarkeit, seiner Gewalttätigkeit und Bewunderung seines grenzenlosen Mutes im Kampf, es fehlte ihm jegliche Furcht. Narathu litt aufgrund seiner Ogre-Herkunft niemals unter Krankheiten, und er schien die Gedanken der Menschen auf hellsichtig-dämonische Art zu kennen.

Sogar Kraphan, seine vom Vater übernommene, die erste der Königinnen, die seinen Thronanspruch festigte, wandte sich zunehmend von ihm ab. Sein Äußeres vernachlässigte er über die Maßen, wenn er sich nicht gerade übertrieben in Pomp und Würden kleidete. Seine unsauberen persönlichen Eigenheiten waren ihr einmal so zuwider, daß sie sich ihm verweigerte. In unmäßigem Zorn kam er über die Königin des südlichen Palastes und erstach sie. In dämonischem Rausch mordete er ebenso ihren Sohn Uttarasu, sowie Mahabuil, den jüngeren Bruder ihres Vaters, ein Schriftgelehrter, der sie seinerzeit an den Pagan-Hof begleitet hatte. Beide hatten versucht, der Sterbenden Beistand zu leisten.

Die Rächer

Der Fürst von Pateikkaya erfuhr von der Bluttat an Kraphan, seiner Lieblingstochter, den Morden an den Anverwandten und vielen seiner Männer. Drei Tage und Nächte zog er sich in seinen Schmerz zurück, dann war sein Entschluß gefaßt. Er rief nach Freiwilligen. Sie kamen in großer Zahl. Er wählte acht der Vornehmsten seines Reiches und traf Vorsorge für ihre Familien. Dann sandte er sie nach Osten über die Berge mit geheimer Order. Verkleidet als Brahmanen betraten sie Narathus Palast. Dort wurden sie reichlich bewirtet. Bald schon rief der ruhelose König die heiligen Männer zu sich, um ihren Segen zu empfangen. Noch mit dem Staub der Straße an den Füßen und in ihren weiten Gewändern stellten sie sich im Kreis um seinen Thron, die Arme wie zum Segnen ausgestreckt. Ihm nahe genug, zogen sie die unter ihren Roben verborgenen Dolche und stießen sie dem unseligen Narathu in den Leib.

Etwas Unerhörtes geschah - der König versuchte nicht, die Stiche abzuwehren. Erstaunt blickte er seine Mörder an - dann stürzte er schwer zu Boden. Sein Blut sickerte rötlich-schwarz in einer Lache unter seinem Körper hervor. Die Wachen standen wie gelähmt.

Darauf führten die Rächer ihres Fürsten letzte Order aus. Sie hatten königliches Blut vergossen, das mußte gesühnt werden. Wieder erhoben sie ihre noch blutenden Dolche und töteten sich gegenseitig, einer nach dem anderen.

Schreiend warf sich Prinzessin Ajawlat über den Sterbenden. Entsetzt wandten sich die Höflinge ab und zeigten schweigend selbst im Tode des Königs noch Scheu und Furcht.

Die Rettung des Tempels

Schwer lastete das Entsetzen und die Unerbittlichkeit des Karmas auf Pagan und seine Bewohner. Nur die Prinzessin Ajawlat schien sich rasch zu fangen und sorgte für ein angemessenes Begräbnis ihres ermordeten Bruders.

Das Chaos nach des Königs Tod entfachte die enthemmte Wut der von Narathu Geknechteten, die selbst vor dem fast fertigen Dämon-Tempel nicht Halt machten und ihn niederzureißen drohten. Wieder griff die Prinzessin ein und verhinderte dessen Zerstörung, indem sie rasch einige Mönche dazu bewegte, ihn zu weihen. Ihre Tat wurde schnell bekannt und rettete das Bauwerk, konnte aber nicht verhindern, daß die inneren Korridore und die Zuwege auf Veranlassung der Minister zugemauert wurden, um dem Geist des Erbauers seine Macht zu nehmen. Nur den Ost-Eingang konnte Ajawlat offen halten. In der Nordhalle ließ sie eine Stele aufstellen, die kundtat, daß dieser Tempel dem Erleuchteten geweiht, den Gläubigen geöffnet und unantastbar sei. Aus Furcht vor Vandalismus erwähnte sie den Bauherrn nicht, aber sie widmete dem Bauwerk eine große Menge Sklaven, Rinder und Reisfelder. Über all jene, die der Versuchung erliegen sollten, den geweihten Tempel dennoch zu schänden, sprach sie die Verwünschung aus, daß sie von Speeren durchbohrt werden sollten.

Zu dieser Zeit kehrte der greise Mönch Panthagu 90jährig aus Sri Lanka heim, und er sah mit großer Freude, wie die guten Taten von Ajawlat seinen Fluch milderten.

Aber erst Narathus Sohn und Nachfolger auf dem Thron, Narapatisithu, sollte den Dhammayangyi in das religiöse Leben der Metropole einbinden. Doch das ist schon eine andere Geschichte, die Geschichte von Anantathuriya, vom Edelstein, der im Dunkel leuchtet, die Geschichte, die dem König zu Weisheit verhalf und den Dhammayangyi dauerhaft erhielt.

17. Nördlicher Buddha mit Ajawlats Widmungsstele.

Die königliche Weihe

Narapatisithu war eine schillernde Persönlichkeit. Er hatte auf den vom Volk geschätzten königlichen Bruder und rechtmäßigen Thronerben, Naratheinhka, einen tödlichen Anschlag verübt, nachdem dieser während seiner Abwesenheit auf einem Feldzug sein Weib genommen hatte. Einige Zeit danach ließ er dessen greisen Erzieher und engsten Ratgeber Anantathuriya, einen Mann von edler Gesinnung, der schon seinem Großvater König Alaungsithu gedient hatte, gefangen setzen und befahl dessen Hinrichtung. Vor dem Henker stehend sprach Anantathuriya: *Diese Strophen überbringe dem König, darum bitte ich dich* und überreichte ihm einige beschriebene Palmblätter. Doch ungerührt führte der Henker den Befehl des Königs und seine grausige Tat aus, eilte anschließend zum Herrscher und übergab ihm das Geschriebene. Der las und wurde augenblicklich von tiefer Reue erfaßt und befahl: *Laßt ihn frei!* Doch der Henker antwortete: *Die Tat ist vollbracht.* Der König war entsetzt, er keuchte schwer, für Tage fürchtete man um sein Leben. Dann erst raffte er sich wieder auf und befahl, in Zukunft solle jeder zum Tode verurteilte einen Monat Aufschub vor der Hinrichtung erhalten. Bis zu Narapatisithus Tod wurde das Andenken an Anantathuriya hoch gehalten, und aufgrund seines Wandels verehrten die Menschen in der Folge den König für seine guten Taten.

Dies sind die Worte Anantathuriyas, die er an den König geschrieben hatte:

Ist man reich geworden,
Hat ein andrer dafür bezahlen müssen.
Das ist das Gesetz des Lebens.

Das Glück des königlichen Daseins
Mit dem goldenen Palast darin zu wohnen,
Hofleben, mit Ministern und Adligen um sich,
Vergnügungen, Schutz vor Sonne, Frieden
Und keine Unterbrechung der Glückseligkeit -
Es gleicht nur der kurzen Erhebung einer Blase auf dem Meer.

Wollte er mich auch nicht töten
Und mich in Gnade und Mitleid ziehen lassen,
Ich würde meinem Schicksal doch nicht entrinnen.
Des Mannes stark erscheinender Körper,
Er dauert nicht für immer.
Wahrlich ist es jedes Dinges Bestimmung, zu vergehen.

Dein Sklave bin ich und erbitte nichts
Außer vor Dir zu huldigen und in Ehrfurcht zu knien.
Sollten im Rad der Wiederkehr
Meine vergangenen Taten mir Vorteil verschaffen
So nutzte ich sie nicht für Vergeltung.
Nein, mein Gebieter, meine Verehrung für Euch ist zu groß.
Und ergäbe es sich auch, ich tät Euch nicht berühren
Und ließe Euch ziehen ohne Schaden.
Nicht-zu-sein, danach sehnen sich alle Fasern meines Herzens.

(Aus *The Glass Palace Chronicle*, siehe Anhang)

Erst gegen Ende seiner Herrschaft wandte sich Narapatisithu an Mahapanita, dem Herrn des Dhammayangyi, mit der Bitte, an der Westseite des Tempels eine Betecke einzurichten. Der König schuf hier einen Reliquienschrein mit doppeltem Buddha-Abbild.

Der so bereicherte Tempel wurde daraufhin unter Beteiligung des Königs, des ganzen Hofes, zahlreicher Mönche und der Bevölkerung feierlich eingeweiht. Sklaven und eine Vielzahl an Gütern wurden ihm gewidmet und so bereichert den für dem Tempel zuständigen Mönchen und den Gläubigen übergeben.

Das Volk aber hielt sich bei der königlichen Weihe zurück. Selbst fast 40 Jahre nach der Ermordung Narathus war dessen unseliges Wirken nicht vergessen, in dessen Zentrum allzuoft der Dhammayangyi gestanden hatte, und zu dessen Symbol der Tempel geworden war. Gegenüber diesem Werk des Bösen, auf dem immer noch der Fluch des Mönch-Patriarchen lastete, nur wenig durch die guten Taten Ajawlats und Narapatisithus gemildert, verschlossen die Menschen weiterhin ihr Herz.

18. Buddha Gautama und Prabhutaratna in der westlichen Tempelhalle, der historische und der vergangene Buddha nebeneinander, Sinnbild von Wandel und Kontinuität des Dharma, errichtet auf Ver anlassung von König Narapatisithu (Sithu II), regierte 1173-1210.

Der Untergang des Reiches

Noch stand die dritte und letzte Wiedergeburt des Bergdämons vom Mt. Tangyi aus. Doch seine Zeit war gekommen.

Mit Schmeichelei und Falschspiel riß Narathihapate 1254, erst 16-jährig, die Herrschaft in der Abfolge der Pagan-Dynastie an sich. Gefangen im Kreislauf des Samsara war er seiner Abstammung gemäß von Neid zerfressen, hochmütig, aufbrausend, lüstern, ehrgeizig und rücksichtslos. Niemals war er krank, niemand durfte daher bei Todesstrafe in seiner Gegenwart sich auch nur Schneuzen oder Gähnen - auch war er gefräßig und in allem ohne Maß. Neben Königin Saw hatte er fünf Nebenköniginnen, die ihn abwechselnd bedienten. Über 3000 Konkubinen und Ehrenjungfrauen waren ihm zu Willen und seinen Launen ausgesetzt. Seine Mahlzeiten bestanden aus 300 Curry Gerichten, gesalzene und gewürzte, süße und sauere, bittere und scharfe, saftige und trockene. Erst nachdem er davon ausgiebig gegessen hatte, reichte er sie weiter an seine Söhne und an die anderen Edlen seines Hofes.

Merkwürdig erschien jedoch die Religiosität des dämonischen Narathihapate. So förderte er den regen Austausch von Mönchen, Pilgern und religiösen Missionen zwischen seinem Land und Sri Lanka. Seine Hingabe an den rechten Glauben war jedoch nur darauf gerichtet, als großer buddhistischer Herrscher zu gelten, die meiste Zeit verbrachte er mit seinen Königinnen und Konkubinen.

19. Ogre als Tempelwächter über einem Einlaß.

20. Obere Lichtöffnung.

Der Bau von Pagoden galt nicht nur für den Bauherrn als Verdienst, sondern ebenso für die Bauarbeiter, Architekten und Künstler. Das Werk des Narathihapate, die Mingalazedi Pagode, trieb der König mit eiserner Hand voran. Die Kassen waren durch die aufwendigen Bauten seiner Vorgänger auf dem Thron und seinem verschwenderischen Lebensstil und seine Maßlosigkeit leer. So mußte er seine Untertanen zur Zwangsarbeit an dem heiligen Bauwerk nötigen. Dafür haßten sie ihn und nahmen seine Herrschaft nur mit Groll, ja Widerwillen hin. Man erinnerte sich seiner teilweise niederen Herkunft und beschimpfte ihn hinter vorgehaltener Hand.

Bald ging eine Prophezeiung heimlich von Mund zu Mund: *Wenn die Pagode fertig ist, wird das Reich untergehen.* Sie kam auch zu Ohren des Königs. Sofort ließ er die Arbeiten daran einstellen. Sechs Jahre verflossen, bis der verehrte Senior-Mönch und Ratgeber am Hofe zum König sprach: *Wollt Ihr Euer Werk, das Euch ewige Verdienste verschafft, niemals vollenden, einer bloßen Rede wegen? Leben und Menschenwerk sind vergänglich, das Königreich kann nicht ewig bestehen, auch wenn die Pagode nicht gebaut würde.* Narathihapate besann sich und die Pagode wurde fertiggestellt. Er stattete sie mit goldenen Buddha-Statuen aus, schmückte sie reichlich mit Edelsteinen und füllte die Reliquienkammern üppig mit Schätzen aus seinem Reich, der Minister und der Edlen des Landes.

Als Narathihapate entdeckte, daß seine Lieblingsnebenkönigin Sawlon aus Eifersucht gegen ihn intrigierte und ihn zu vergiften suchte, ließ er sie wie ein wildes Tier in einen eisernen Käfig sperren und gab Befehl, sie darin zu verbrennen. Auf ihre Bitte hin reichte man ihr einen Rosenkranz. Ihre Gebete hatten solche Macht, daß die Flammen des Scheiterhaufens dreimal erloschen, kaum das sie aufgelodert waren. Am Ende aber sprach sie: *Mag ich verbrennen und mir die Gnade gewährt werden, in einem Augenblick dahin zu sein.* Darauf begannen aus dem Scheiterhaufen dichte Rauchwolken aufzusteigen und hüllten Sawlon ein. Sie verlor das Bewußtsein und erstickte, bevor die Flammen an ihrem Körper leckten. Der König jedoch wurde nach der Tat von großer Reue erfaßt, in schwerem Schlaf schrie er: *Sawlon, Sawlon, komm und wache neben mir.* Sawlon aber kam nicht, nie mehr wachte sie neben ihm .

21. Königliche Audienzhalle.

Der Mongolenherrscher und Kaiser von China, Kublai Khan, besetzte in seinem Zug zur Eroberung Südchinas auch Yünnan. Der eingesetzte Vasallenkönig, durch Übermut oder von schlechten Ratgebern inspiriert, sandte eine Abordnung zum birmanischen König und verlangte Tribut. Die Männer wurden jedoch von Narathihapate nicht empfangen. Zwei Jahre später erschien ein direkter Gesandter von Kublai Khan und forderte mit höflichen Worten eine Allianz zwischen den beiden Reichen, was auf die Anerkennung der förmlichen Oberherrschaft des Großkhans hinauslief. Der Gesandte weigerte sich aber, für die Audienz, der Sitte gemäß, vor dem König seine Schuhe auszuziehen. Daraufhin ließ Narathihapate ihn mitsamt Gefolge verhaften und hinrichten. Der Minister Anantapyissi mahnte vergeblich: *Herr, protestiere in Peking gegen diesen Mangel an Benehmen und Respekt, aber töte sie nicht.*

Kublai Khan war zunächst zu sehr damit beschäftigt, seine Herrschaft in China zu konsolidieren, um auf diesen schwerwiegenden Vorfall zu reagieren. Aber die Thai-Pufferkönigreiche an der Nordostgrenze fielen von Pagan ab und unterwarfen sich nach und nach Yünnan. Damit schwächten sie das birmanische Reich. Narathihapate, in Verkennung der wahren Kräfteverhältnisse, sandte eine Strafexpedition aus, um den alten Zustand wieder herzustellen. Trotz ihrer zahlenmäßigen Unterlegenheit griffen die Mongolen des Großkhans an geeigneter Stelle bei Bhamo die gewaltige birmanische Streitmacht an, wichen an den Waldrändern geschickt den 2000 Kriegselefanten aus und überschütteten sie aus dem Hinterhalt gezielt mit ihren Pfeilen. Die schmerzhaft getroffenen Tiere gerieten in Panik, machten kehrt und überrannten die nachfolgende, dicht gestaffelte Infanterie der birmanischen Armee, auf die, in Unordnung geraten, sich nun die mongolischen Reiter stürzten. In dem Getümmel der Schlacht gewannen sie nach und nach die Oberhand und trieben die Birmanen in die Flucht. Ein späterer zweiter Vorstoß der Tataren zerstörte eine Reihe birmanischer Grenzbefestigungen. Auf Grund großer Hitze zogen sie sich jedoch bald wieder nach Yünnan zurück.

In 1283 erschien ein Mongolenheer, aufgefüllt mit Thai-Söldnern, an der Nordostgrenze Birmas, überrannte die birmanischen Garnisonen, gnadenlos alle Soldaten tötend, die ihnen in die Hände fielen. Zwei der birmanischen Kommandanten sammelten die Reste ihres Heeres und setzten sich nach Pagan ab, um die Stadt zu verteidigen. Narathihapate, beherrscht von extremen Gefühlen wie Todesmut und Feigheit, verlor auf die Nachricht von der erneuten Niederlage Mut und Verstand und floh den Irrawaddy hinab nach Süden bis Baßein im Flußdelta, wo der älteste Sohn Uzana ihn loyal aufnahm. Die verbliebenen Soldaten des Reiches aber verloren angesichts der Flucht des Königs den Mut und Pagan lag nun verteidigungslos da.

Wieder hielt das ungewohnt heiße Klima die Mongolen davon ab, in die Flußebene nachzustoßen. Auch blieb die Genehmigung des Großkhans zum weiteren Vordringen aus, der der Sache keine größere Bedeutung beizumessen schien. Seine Heerführer erklärten das Gebiet des nördlichen Birma zur neuen "Birmanischen Provinz" des mongolisch-chinesischen Reiches mit Tagaung als Hauptstadt und sandten einen Emissär nach Pagan mit der Aufforderung an den König, sich zu ergeben. Der aber war zu dieser Zeit nicht mehr in der Stadt.

22. Ansicht von Alt-Pagan nach Marco Polos Beschreibung.

Erst einige Jahre später machte sich Narathihapate auf den Weg zurück nach Pagan. Auf weniger als der halben Strecke, vor Prome, umringten die örtlichen Truppen auf Befehl des dortigen Gouverneurs Thihathu, zweitältester Sohn von Narathihapate, das königliche Boot und zwangen den König Gift zu nehmen. *Möge mir in meinen zukünftigen Existenzen niemals wieder ein Sohn geboren werden*, das waren seine letzten Worte. Diese unerhörte Tat geschah um die Zeit des birmesischen Neujahrsfestes. Im ganzen Land brach die Erde auf mit großem Getöse, von den Hügeln und aus den Erdspalten stieg dichter Rauch.

Mit der Nachricht von Narathihapates Tod setzte sich das

23. Königliche Goldene Barke.

das Tatarenheer wieder in Bewegung, erreichte Pagan, nunmehr leichte Beute, in wenigen Wochen, nahm die Stadt ein, plünderte sie und tötete die nicht geflohenen Einwohner, Mönche, Männer, Frauen und Kinder und, mit den Schätzen von Palast, Tempeln und Klöstern beladen, ständig belästigt von birmanischen Guerillas und brennender Sonne, zogen sie sich über Tagaung hinaus zurück nach Yünnan. Arakan, Pegu und einige andere Mon-Vasallenkönige erhoben sich gegen das daniederliegende Pagan-Reich und erklärten ihre Unabhängigkeit. Der mörderische Sohn Narathihapates büßte seine Tat mit dem Leben. Der letzte und jüngste Sohn, Kyawswar, nahm 1289 den verwaisten Thron ein, aber nur als Vasall der aufstrebenden neuen Herren, der Shan-Fürsten im Osten. Das birmanische, von Anawrahta gegründete Reich, war untergegangen.

Und der Dhammayangyi? Die Tataren haben auch seine Gänge nach wertvollen Reliquien durchsucht, doch blieb er unberührt. Würde er auch die kommenden Zeiten überstehen, ohne die königlichen Hüter des rechten Glaubens?

Vom ehrwürdigen Mantham

Mehr als hundert Jahre später lasteten immer noch die Untaten des Dämonkönigs Narathu und der Fluch Panthagus auf dem Dhammayangyi. Während die anderen Tempel, Pagoden und Klöster ihre gläubigen Diener und zahlreiche Spender zu ihrer Fertigstellung oder Erhaltung gefunden hatten, war der Dhammayangyi in dem Zustand verblieben, in dem die Künstler, Handwerker und Bauarbeiter das Bauwerk bei Narathus Tod zurückgelassen hatten, ja, es gab in späteren Jahren sogar gewissenlose Tempeldiebe, die oft durch Armut getrieben und wenig respektvoll vor dem geweihten Werk, die steinernen Bildnisse ausraubten. Da waren aber auch immer wieder Einzelne, die in dem Tempel ausschließlich das von dem Erbauer unabhängig gewordene heilige Bauwerk sahen und ihm die gebotene Ehrfurcht entgegen brachten.

24. Buddhistisches Kloster mit schönen Holzschnitzereien.

Zu ihnen gehörte Mantham, einer der höheren Beamten des Gouverneurs. Während seiner Kindheit war er fast täglich auf dem Weg zur Klosterschule bei den Mönchen am Dhammayangyi vorbeigekommen und hatte hier auf dem Heimweg oft vor der Tageshitze in der Stille der Gemäuer Schutz gefunden und gelernt, den weltabgewandten, selten von Gläubigen besuchten, massigen Tempel zu lieben. Dessen offensichtliche Mißachtung, gar Schändung, konnte er bald nicht mehr ertragen. Als er später in den Dienst des Gouverneurs eingetreten war, verzichtete er auf die Ehe und widmete seine geringe freie Zeit ganz der Erhaltung des Tempels. Von seinem kargen Lohn sparte er sein Leben lang was immer entbehrlich war. Und so konnte er eines Tages eine steinerne Skulptur bei dem besten Steinmetz im näheren und weiteren Umkreis von Pagan in Auftrag geben und 1343 in der östlichen Halle einen Buddha-Monolithen aufstellen. Um einer Schändung der Statue durch Reliquienräuber vorzubeugen, hatte er diese durchgehend massiv anfertigen lassen.

25. Buddha-Monolith des Mantham in der östlichen Halle.

Der Einsiedlermönch

Pagan verfiel immer mehr. Die zahlreichen städtischen Bauten hatten schon zu Pagans Glanzzeiten viel Holz verbraucht, die umliegenden Wälder waren vernichtet, das Land wurde immer trockener und die zurückgehenden Erträge ernährten die zahlreichen Menschen nicht mehr. Die neuen Shan-Herrscher hatten kein Interesse daran, das von Pagan Übriggebliebene zu erhalten. Sie hatten ihren Sitz in Ava weiter im Nordosten und näher zu ihrem Stammland genommen, später unter der Toungoo Dynastie wurde Pegu im Süden des Landes Hauptstadt. Um Pagan wurde es still, die Menschen zogen fort, die zahlreichen Tempel und Pagoden litten unter Erdbeben und bekamen Risse, in denen bald Pflanzen wuchsen und die Mauern sprengten. Nur wenige von ihnen konnten noch die Frömmigkeit und Spendenbereitschaft der verbliebenen spärlichen Bevölkerung auf sich ziehen.

26. Pagoden-Ruine.

Während also einige wenige der unzähligen Pagoden Pagans die Gläubigen anzogen und diese aufgrund der Pflege über Jahrhunderte von ihrem alten Glanz kaum etwas einbüßten, verfielen die meisten anderen sakralen Bauten, einige davon wurden wieder zu Staub. Doch etwas Erstaunliches geschah mit dem Dhammayangyi: Von den Menschen gemieden, blieb er dennoch über die Jahrhunderte das, was er von Anbeginn gewesen war: unvollendet zwar, aber in unvergleichbarer handwerklicher Ausführung und mächtig, von der Zeit unangetastet. An seinen Rändern und auf seinen Terrassen legte sich Mauerbruch und Flugsand, und der umhertreibende Samen umliegender Pflanzen lagerte sich hier ab und entwickelte sich zu niedrigem Grün. Aber das war mehr Zierde im vertrauten Gespräch mit seiner ländlich gewordenen Umgebung als daß es ihn beherrschte, und es minderte nicht seinen düster-majestätischen- Glanz.

27. Der verwahrlosende Dhammayangyi 1855.

Mit der geringeren Bevölkerung war in Pagan auch die Anzahl der Mönche zurückgegangen. Die Klöster verarmten. Doch unter den verbliebenen Mönchen gab es einzelne Kundige, in denen die Geschichten und Legenden der religiösen Stätten in ihrer ursprünglichen Kraft fortlebten. So gab es um das Jahr 1780 einen Einsiedlermönch, manche sagen, er stamme aus dem nahegelegenem Dorf Mynkaba, der sich ganz in den Tempel zurückgezogen hatte. Das betreuende Kloster war längst verlassen und bis auf Reste verfallen. So nahm sich nun dieser Mönch der Pflege des Tempelgeländes an und sorgte in seinen Gängen für Sauberkeit mit Hilfe gelegentlich Vorbeikommender, die er zum Dienst an dem heiligen Bauwerk ermunterte. Die Reinigung der Buddha-Statuen jedoch vollzog er in zeremonieller Weise regelmäßig selbst.

Versorgt wurde er zunächst durch seine allmorgendlichen Almosen-Sammelgänge durch Pagan. Nachdem er diese aber einschränkte und er als heiliger Einsiedler bekannt geworden war, überbrachten ihm einige Frauen Pagans ehrfurchtsvoll ihre kleinen Gaben. Es waren die allerfrömmsten, auch jene, die ihre Männer auf den dem Dhammayangyi benachbarten Feldern zu vorsorgen hatten, oder einzelne Kinder, die weniger mit Scheu belastet waren und die an diesem von den Erwachsenen gemiedenem Ort gerne ungestört ihren Spielen nachgingen.

28. Ein Bauer, seine Felder beim Dhammayangyi pflügend.

Über diesen Einsiedler-Mönch erzählte man sich in Pagan im Laufe der Jahre immer abenteuerlichere Geschichten. Er war bald überhaupt nicht mehr außerhalb des Tempelgeländes zu sehen, schließlich auch nicht mehr außerhalb des Bauwerks. Da sich die Gläubigen aus Scheu oder Angst nicht tiefer in den

Tempel hineinwagten, bekamen sie ihn immer seltener zu Gesicht, stellten nur ihre Gaben in der Eingangshalle ab, beteten vor den Buddha-Standbildern und entfernten sich rasch. Kamen sie am nächsten Tag wieder, war stets von den Speisen gegessen worden.

Bald waren es nur noch jene Kinder, die sich durch besonderen Mut auszeichneten, die nach wie vor durch die kathedralartigen Gänge des Dhammayangyi streiften und die Treppen in der Osthalle hinauf auf die obere Terrasse klommen. Sie begegneten dann hin und wieder dem Einsiedler und berichteten, wie der Mönch mal stundenlang vor dem zugemauerten Inneren saß und mit Blick auf das Zentrum des Tempels meditierte, zum anderen wie er mit einer Fackel in der Hand mit großen Schritten durch die hohen Korridore lief, dieses Licht regelmäßig auf und ab schwenkte, so daß es die Wände in Streifen hinauf und hinablief. Dabei murmelte er etwas Unverständliches. Vor allem dieses Verhalten empfanden die Gläubigen als außerordentlich, stand es doch ganz im Gegensatz zu dem, was man bisher von dem schweigsamen Mönch kannte.

Aber die Dinge nahmen einen noch merkwürdigeren Verlauf: Den Besuchern war es bald nicht mehr möglich, die gefüllten Almosenschalen in der Halle abzustellen. Kaum hatten sie versucht, den prächtigen Reliefbogen des Tempeleingangs zu betreten, prallten sie wie gegen eine Mauer; sie konnten nicht weiter, eine unerklärliche, unsichtbare Kraft hielt sie zurück. Sie stellten von nun an ihre Gaben vor dem Eingang ab. Am folgenden Tag fanden sie sie berührt.

Doch es kam noch befremdlicher: Als sich die gläubigen Spender an einem anderen Tag wieder dem Tempelgelände näherten, sahen sie von weitem den mönchischen Einsiedler in seiner gelbbraunen Kutte im Ausschnitt des Tempeleingangs stehen. Als sie sich voll Freude und Ehrfurcht anschickten, durch das hohe, gemauerte Umgrenzungstor auf ihn zuzulaufen, bekamen sie plötzlich wieder einen heftigen Schlag und schlugen gegen eine unsichtbare Wand. Es gelang ihnen nicht, das Tor zu passieren, sie mußten das Mitgebrachte davor abstellen. Jetzt war allen klar, daß hier am Dhammayangyi und mit diesem Mönch etwas Unerhörtes vorging und das magische Kräfte am Werke waren, die vom Mönch ausgingen.

Die mutigsten Kinder, denen es dennoch gelegentlich gelang an einer anderen Stelle in den Tempel einzudringen, erzählten, daß sie den Mönch dabei beobachtet hatten, wie er sich an einer Stelle der inneren Korridorwand zu schaffen machte und dort die Ziegelsteine vorsichtig entfernt und seitlich aufgeschichtet hatte. Die Tiefe dieser fast mannshohen Öffnung konnten sie aufgrund der Dunkelheit und ihrer Scheu näher heranzugehen, nicht erkennen. Sie mußte jedoch begehbar, nach der Menge der Ziegel zu urteilen vielleicht sogar der Einlaß zu einem Gang sein. Wenig später schichtete der Mönch sie fein säuberlich in die schwarze Öffnung hinein auf, und es schien ihnen einmal, als blitzte in der Dämmerung des Tempelinneren so etwas auf wie feuchter Mörtel.

Darüber waren mehrere Tage vergangen. Bei einer erneuten Annäherung an den Tempel spürten die Kinder wieder die unsichtbare, für sie undurchdringliche Wand. Für weitere 3 Tage war es ihnen nicht möglich, das Gelände des Dhammayangyi- zu betreten. Als sie am vierten Tag zusammen mit einigen der frommsten Frauen wieder mit gefüllten Almosenschalen zum Tempel kamen, konnten sie sich diesem unbehelligt nähern. Sie stellten ihre Geschenke wie von früher gewohnt in der Halle ab, verrichteten ihre Gebete vor den Bildnissen des Gautama und des Prabhutaratna und eilten von scheuer Furcht erfüllt zu ihrem Dorf zurück.

Am nächsten Tag war der Inhalt der Almosenschalen vom Vortage unberührt. Das war hin und wieder auch schon früher vorgekommen. Die Frauen tauschten sie gegen die neu mitgebrachten aus. Aber auch an den nächsten Tagen blieben die Speisen unangetastet.

Einige der Kinder wagten sich schließlich wieder in die Gänge und eilten sofort zu der Stelle, wo sie den Mönch zuletzt an der Wand hatten arbeiten sehen. Aber zu ihrer Überraschung war die Öffnung verschwunden, die Wand bot sich wieder in ihrem ursprünglichen, fein aufgeschichteten Mauerwerk dar. Das Licht in den Gängen war jedoch zu schwach, um Genaue-

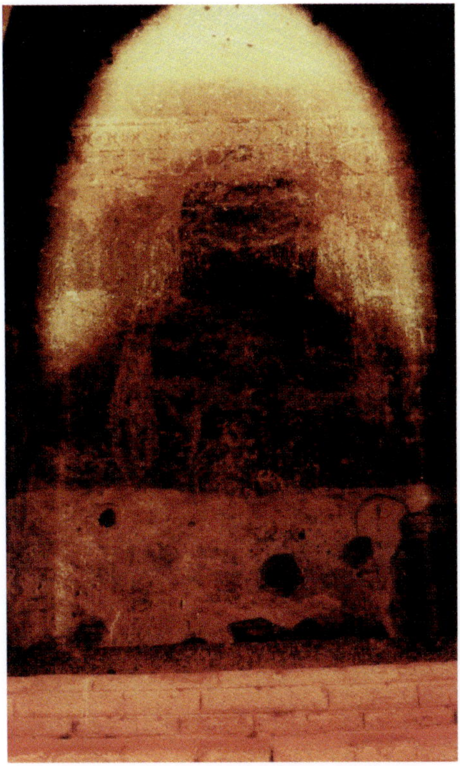

29. Reste einer Wandmalerei – oder..?

res erkennen zu können. So widmeten die Kinder sich bald wieder ihren Spielen.

Dann jedoch begann aus dem Inneren des Tempels zeitweise ein Schlürfen und Poltern, ein Schlagen und Klagen herauszudringen, ja, herbeigerufene Männer meinten so etwas wie Donnerschläge zu hören, dann wieder ein Stöhnen und Ächzen, so daß sie voller Grausen davonrannten und sich für längere Zeit niemand mehr in die Nähe des Dhammayangyi traute. Der Einsiedler-Mönch aber wurde nie mehr gesehen, und es kam das Gerücht auf, er habe sich im Tempel eingemauert, sein Geist kämpfe nun im unzugänglichen Inneren mit dem Dämon des Tempels, um diesen endlich zu besiegen und das Gemäuer von seinem Fluch zu befreien. Beide hielt die heilige Masse dauerhaft fest umschlossen, türmte sich auf über ihnen zur Pyramide als ihr steinernes Grab.

Die Kinder und Abschied

Ein Schauer durchläuft meinen Körper, ein Kältehauch streicht zitternd über meine Glieder. Ich drücke mich fester an den Rest Wärme des Gemäuers unter mir, aber der Schmerz an den aufliegenden Körperstellen zwingt mich, meine Lage zu verändern, und ich komme auf kühlerem Stein zu liegen. Fröstelnd ziehe ich die Glieder an den Leib. Langsam löst sich mein Bewußtsein aus dumpfer Verwunderung. Ich finde mich auf der Tempelterrasse des Dhammayangyi, die Morgenkälte kriecht in mich hinein. Jetzt höre ich auch den geschäftigen Lärm der Vögel und schlage die Augen auf. Dunkel noch das Tempelgestein um mich, fahl der Himmel über mir, nur noch mit einzelnen Sterne besetzt. Im Osten kündigt sich zartes Rosa an. Min Min sitzt ein wenig abseits, hat meine Bewegungen bemerkt und schaut zu mir herüber. Ni Ni liegt noch auf der Seite mit angezogenen Beinen, auch sie scheint zu frösteln. Min Min und ich wechseln einige Worte, Ni Ni beginnt sich zu strecken und bald sprechen wir Drei fröhlich über unsere nächtlichen Erlebnisse. Die Kinder erzählen lachend und scherzend von den wildesten Träumen.

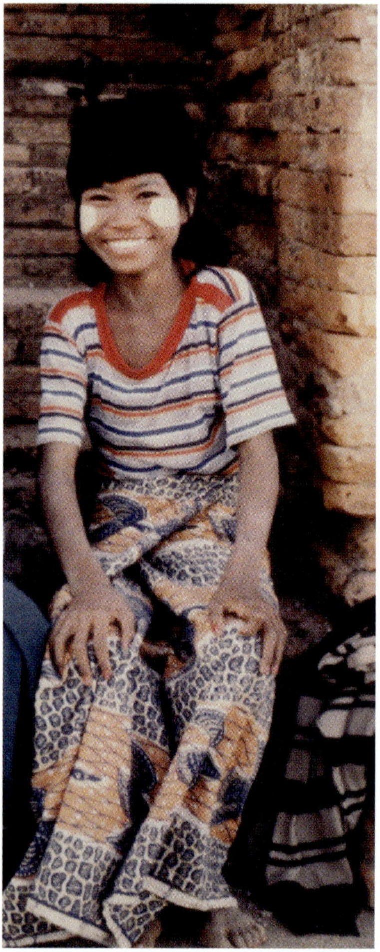

30. Ni Ni auf der Terrasse.

Über meine phantastische Wanderung schweige ich, bin ich mir doch selbst noch nicht im klaren über das Geschaute. Aber wir sind uns einig, daß wir eine außerordentliche Nacht am Tempel verbracht haben.

31. Min Min auf der Terrasse.

Inzwischen hat der Himmel sich hell überzogen, der Osten ist voll farbiger Versprechungen. Auf einem Rundgang über die Dachterrasse genießen wir den weiten Ausblick auf die erwachende Natur. Die Bewegungen verschaffen uns wieder etwas Wärme. Doch bald verspüren wir aufkeimenden Hunger und beschließen uns auf den Weg ins Dorf zu machen und im alten Nation-Restaurant etwas Gutes zu frühstücken. Ein letzter Blick in die weite Ebene, dann zwängen wir unsere noch etwas steifen Glieder durch die Durchlässe der Eckpagoden und hinab über steile Stufen in die Tempelgänge. In deren Dunkelheit fassen die beiden mich bei den Händen, so als überkäme sie doch noch ein Schauder im Bewußtsein ihres Wagemutes, in der unmittelbaren Nähe des Tempeldämons die ganze Nacht verbracht zu haben. Als wir an der östlichen Halle vorbeikommen, verzögern sich unwillkürlich meine Schritte, und ich blicke verstohlen die Wände entlang, so als müsse ich hier etwas von meiner nächtlichen Wanderung wiederfinden. Aber sie sind glatt und steinern-schweigsam wie immer - wir eilen weiter. Auf dem Weg zum Ausgang, in der westlichen Halle, werfen sich die Kinder vor den ewig wissend lächelnden Bildnissen des Gautama Buddha und des Buddha Prabhutaratna. Sie mochten wohl für den gewährten nächtlichen Schutz vor der Gefahr danken, die die Nachbarschaft zu Geistern bedeutet.

Auf dem Weg zum Dorf unter dem milden Glanz des Morgenhimmels und begleitet von emsigem Vogelgezwitscher begegnen uns die ersten Ochsenkarren der Bauern auf dem Weg zu ihren Feldern. Verwunderte Blicke folgen uns, denn daß in dieser Frühe jemand vom Dhammayangyi kommt, das ist etwas Unglaubliches. Doch die Kinder sind munter und überaus mutig und voller Stolz: Sie verkünden mit heller Stimme, sie kämen vom Dhammayangyi und hätten dort die ganze Nacht verbracht und gut geschlafen. Nichts sei geschehen, man könne sie doch anschauen, Beine, Arme und Kopf, alles sei noch an seinem gewohnten Platz.

Im Dorf angekommen eilen die Kinder zuerst zu den Eltern, um ihnen zu berichten und ihnen zu sagen, daß diese sich völlig unbegründet Sorgen gemacht hätten, sie hätten eine ruhige Nacht am Dhammayangyi verbracht und fühlten sich außerordentlich wohl. Währenddessen mache ich mich im Hotel ein wenig frisch und anschließend fährt uns Mg Myint Aung zum Nation-Restaurant.

Wir sind heute die ersten Gäste, das Feuer im Herd wird angefacht und wir müssen uns lange mit der Mahlzeit gedulden. Während wir warten, spielt Ni Ni gedankenverloren mit den Fäden an einer hängenden Marionette neben dem offenen Eingang. Könnte es sein, daß sie heimlich an den Fäden meines Herzens zieht? Schließlich kommt der heiße Tee und damit Wärme und Munterkeit und ein Gefühl großen Glücks. Dann machen wir uns über das Weißbrot, einen Berg Reis und einen Stapel Spiegeleier her und plaudern erneut über unser nächtliches Abenteuer. Meine Nachtwanderung behalte ich weiter für mich, denn dieses Ereignis war doch eine zu unglaubliche Geschichte. Für die Kinder aber ist die vergangene Nacht das Allergrößte.

Das 7-Tage-Visum für Birma zwingt mich, noch am Nachmittag des gleichen Tages abzureisen. Die Kinder holen sich die Genehmigung für einen weiteren schulfreien Tag und verbringen die nächsten Stunden in meiner Nähe, mir beim Koffer

32. Ni Ni - gedankenverloren.

packen helfend. Von dem zuständigen Beamten bekommen sie schließlich die Erlaubnis, mich in dem Touristenbus zum Flughafen zu begleiten. Nach Erledigung der Formalitäten haben wir noch Zeit bis zur Ankunft der Maschine. Wir setzen uns auf eine der langen harten Holzbänke. Min Min trägt meine Hängetasche und Ni Ni meine Kamera, jeder will mir etwas zu tragen abnehmen. Min Min schaut sich interessiert den Inhalt der Tasche an und hat besonderen Spaß an den Kosmetika, von denen ich einzelne Stücke als kleine Geschenke für angehende Ladies stets dabei habe, greift sich den Handspiegel und bemalt sich mit dem Lippenstift. Natürlich will Ni Ni nun auch, denn das ist doch eigentlich ihr Metier. So streiten und scherzen die beiden für eine Weile.

33. Abschied am Flughafen.

Dann dröhnt der Lärm der landenden Maschine. Die Kinder laufen ans Fenster um der ausrollenden, zweimotorigen Fokker zuzusehen. Bald sitzen wir wieder nebeneinander auf der harten Bank im Wartesaal. Min Min und Ni Ni sprechen kein Wort mehr. Sie wendet sich ab, in ihren Augenwinkeln schimmert eine heimliche Träne.

Der Aufruf zum Besteigen des Flugzeuges reißt uns aus unsere Gedanken. Beide begleiten mich auf das Flugfeld bis zur Einstiegstreppe. Sehr ernst das Gesicht Min Mins, feuchter Schimmer in den Augen Ni Nis. Ich bin der Letzte, der die Maschine besteigt. Ein letztes Trösten, ein Streicheln über die pechschwarzen Haare, ein paar Schritte, umdrehen, noch einmal ein Winken, und ich bin im Flugzeug. Eigentlich bin ich nun schon weit, sehr weit fort. Doch dann rollt die Maschine sanft vibrierend an. Ich sehe meine kleinen Freunde deutlich vor mir, wie sie als Einzige neben dem Offiziellen der Fluglinie weit draußen am Rande des Rollfelds stehen und ihrem Freund zum Abschied zuwinken. Es ist in dieser Minute, in der ich mir schwöre, eines Tages zurückzukehren. Die Motoren starten

34. Letzte Schleife über Pagan, oben der Irrawaddy.

durch, die Kraft der Propeller drückt mich in den Sitz, wir steigen aufwärts, drehen eine Schleife. In der Tiefe und unter dem Horizont schimmert das Band des Irrawaddy, dort suchen meine Augen etwas und finden es bald: still, schwarz und fest, ein winziges Teil der große Ebene und doch majestätisch der Dhammayangyi. Mein Herz ist schwer und löst sich während des Fluges nur langsam aus grübelnden Gedanken.

Die Zeit in Rangun ist kurz, ein weiterer Tag und ich bin in Bangkok, dort nur wenige Stunden. Spät in der Nacht der Rückflug nach Europa. Ich bin kaum eine Stunde in der Luft, immer noch ein wenig gedankenverloren mache ich es mir im Flugsessel bequem. Da geht ein Beben durch den schlanken Flugkörper. Das Beben wird stärker. Wir fliegen jetzt mitten über das Herz Birmas. Irgendwo da unten muß sich der Irrawaddy träge an dem schlafenden Pagan vorbeiwinden und

streckt sich der heilige Mt. Popa hinauf in die Nacht. Es kommt wie Schläge, dann greifen Fäuste nach der Maschine und schütteln sie erbarmungslos. Klirrend fallen Gläser zu Boden. Oder ist es nur das undeutlich-grimmige Lachen jener zornigen Mächte tief da unten, die mehr drohen als zerstören, bis der rechte Augenblick gekommen ist? Verwirrt kehren meine Gedanken noch einmal zurück zu der braun-schwarzen Tiefe unter mir, zu jener Nacht am Dhammayangyi, kehren zurück zu IHM, zu König Anawrahta, zu Narathu Min, zum Mahagiri Nat, zu dem ehrwürdigen Panthagu, zu Prinzessin Ajawlat und dem Gelehrten Anantathuriya, dem Beamten Mantham und zu dem Einsiedlermönch, dessen Geist den Tempel-Dämon wohl nur zeitweise zu besänftigen, aber nicht wirklich zu besiegen vermochte und kehrt zurück zu den Kindern des Dhammayangyi. Vielleicht stimmt es doch, was man den Kindern nach ihrer Nacht am Tempel gesagt hat, daß sie großes Glück gehabt hätten, diese Stunden ohne Schaden überstanden zu haben und daß alle Beteiligten irgendwann, irgendwo und irgendwie von dieser Nacht doch noch eingeholt würden. Und während sich der schreckliche Griff langsam von der dahineilenden Maschine löst und wir uns schwebend jenen Stätten nähern, wo ER vor so langer Zeit auf staubigen Wegen geschritten ist, stehen die Monumente der beiden nebeneinander in ihrer Erleuchtung verharrenden Buddhas im Halbdunkel des Dhammayangyi deutlich vor meinen Augen: Ist der Erleuchtete neben Gautama vielleicht doch nicht der vergangene Buddha Prabhutaratna, sondern - so wie einige Kundige meinen - der sehnsüchtig erwartete, der die Leiden der Zeiten auflösende zukünftige und doch so nahe Buddha Maitreya, der Liebende,

35. Wandmalerei – oder triumphierender Dämon?

der endliche Erlöser des Dhammayangyi, vieler „Dhammayangyis“ auf dieser Erde, Erlöser vom Fluch und der Dämonie seines Erbauers, ihrer Erbauer, Erlöser von allem Leid, der das Gesetz vollenden wird?

*

Anhang

Der Dhammayangyi kurzgefaßt

Der Dhammayangyi wurde während der frühen Glanzzeit des südostasiatischen Staates Birma, heute Myanmar, in der Zeit der Pagan Dynastie in den Jahren 1160 - 1165 n. C., erbaut. Bauherr war König Narathu. Es ist der letzte Tempel in Mon-Architektur. Aufgrund des plötzlichen gewaltsamen Todes des Tyrannen wurde der weitgehend fertiggestellte Tempel nicht vollendet und blieb zunächst uneingeweiht. So sind die Buddha-Statuen und Fresken späteren Datums. Die Düsternis der Menschenschicksale um den Tempelbau scheinen sich in seiner unfertigen Massigkeit widerzuspiegeln. Etwa 1,5 km südöstlich des Irrawaddy und der Stadtmauer von Pagan in offener Landschaft und vor bergigem Hintergrund gelegen, gilt er trotz des fehlenden Abschlusses mit einer Stupa als der größte Tempel Birmas. Auch aus der Ferne stellt er noch ein imponierendes Bauwerk dar, das den Reisenden an eine Pyramide erinnert. Nähert man sich ihm, fallen die ausgeprägten Terrassen auf, die sich vom massiven, vierseitigen Fundament verkleinernd bis zur Spitze hinaufziehen, sowie das regelmäßige Mauerwerk mit kaum erkennbar dünnem Mörtel, das seinesglei-

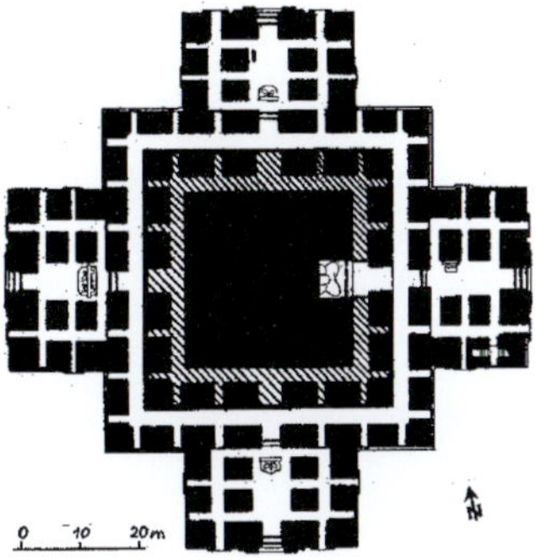

III. Tempelgrundriß.

36. Ruine des ehemaligen Tempelklosters.

chen unter den über 2000 Pagoden und Tempeln Pagans sucht.

Man begegnet dem ummauerten Tempelgelände von Pagan kommend von Norden und durchschreitet das große Nordtor (Abb. 6, S. 09). In der Nordwestecke sind noch Mauerreste eines ehemaligen Klosters aus dem 12. Jahrhundert zu erkennen (Abb. 36, S. 83).

Auffallend sind die Eingangs- und Lichtöffnungen des Dhammayangyi, die reichlich von ornamentalen, nach oben in Flammen auslaufender Stukkatur umrahmt sind (Abb. 20, S. 58). In der oberen Mitte dominiert oft ein grimmiger Ogre als mächtiger Schutzgeist (Abb. 19, S. 57), der die Zugänge bewacht. Das Bauwerk betritt man in der Regel über den nördlichen, dreifach umwölbten Eingang mit der anschließenden sehr hohen Vorhalle, die im Hintergrund von einem überlebensgroßen Buddha-auf seinem Thron in der sitzenden, erdberührenden Mudra beherrscht wird (Abb. 17, S. 53). Ähnliche Buddha - Standbilder stehen in den anderen, nach den 4 Himmelsrichtungen ausgerichteten Eingangshallen, in der westlichen zwei Buddhas nebeneinander, Gautama und der vergangene Bud-

37. Großer Buddha in der östlichen Halle.

dha Prabhutaratna (Abb. 18, S. 56), in der östlichen tief eingeschnitten in einer Nische ein zweiter Buddha (Abb. 37, S. 84).

Von den Hallen aus gelangt man in das höhlenartige, dumpfe Innere (Abb. 7, S. 11). Fensterartige Lichtöffnungen erhellen spärlich die umlaufenden, kathedralartigen Korridore. Der schwache Lichtschein spiegelt sich matt auf den glatten, auf dem Boden grob ausgelegten Steinquadern. An den Wänden sind stellenweise Reste von Wandmalereien zu erkennen, die für den flüchtigen Betrachter etwas Geisterhaftes haben.

Der inneren Korridore sind gänzlich zugemauert und mit Ziegelbruch aufgefüllt, wahrscheinlich unmittelbar nach des Königs Tod, um dem bösen Geist des Erbauers die Macht zu nehmen. Nur im Osten unterblieb die Abmauerung, wohl auf Veranlassung von Ajawlat, der Schwester Narathus. Von ihr gibt es in der Nordhalle eine Stele mit Tempelwidmung (Abb. 17, S. 53). Ihr ist es auch zu verdanken, daß der vom geknechteten Volk ungeliebte Tempel posthum doch noch eingeweiht wurde, womit sie seinen späteren Verfall oder gar seine Zerstörung verhinderte.

Zu der hochgelegenen ersten Terrasse des Tempels führt von der Südostecke der Osthalle ein niedriger und dunkler Gang (Abb. 9, S. 13) über hohe Steinstufen aufwärts, derzeit vergittert, gerade breit genug für eine Person. In gebückter Haltung sich vorantastend, gelangt man nach einer scharfen Biegung und über eine ca. 60 cm hohe letzte Stufe zum überwölbten Auslaß innerhalb eines Ecktürmchens und zwängt sich durch die schlitzartige Öffnung auf die geräumige Terrasse. Von hier aus genießt der Tempelbesucher den Lohn für die Mühe des Aufstiegs in der Tageshitze, die hier fast zu jeder Jahreszeit herrscht. Ein grandioser Ausblick eröffnet sich weit über die locker begrünte Ebene mit den zahllosen, halb versteckten Sakralruinen bis zu dem fernen Bergzug, der die Landschaft im Osten abschließt und der gekrönt wird von der schimmernden Spitze einer weißen Pagode.

Die Dachterrasse gestattet einen etwas beschwerlichen Rundgang über stellenweise nur fußbreite Ziegelstufen und durch mit Sikhara-gekrönte Türmchen an den 4 Ecken mit ihren schmalen

38. Östliche Dachterrasse mit schmalem Rundgang und Sikhara Türmchen.

Durchlässen. Die westliche Terrasse lädt zur Beschaulichkeit ein. Von hier aus schweift der Blick über die auf der Welt einzigartige, höchstens noch mit Angkor Wat vergleichbare Ebene Pagans. Fast niemand vermag sich an diesem Ort der meditativen Stille zu entziehen. Das Grün des spärlichen Bewuchses, die je nach der Jahreszeit zartgrünen oder erdbraunen Felder, sind durchsetzt von einer unendlich erscheinenden Anzahl von Pagodenruinen und Tempeln, die teils majestätisch die Umgebung überragen, wie der filigrane Ananda, der sattweiße Shwesandaw oder der altsilberne Thatbyinnyu. In der Ferne leuchtet die goldene Kuppel der ehrwürdigen Shwezigon Pagode.

Nach Westen hin befindet sich das Areal des ehemaligen Königspalastes, das bis 1989 das liebenswerte Dorf Pagan beherbergte (Abb. 5, S. 8). Nur schwer ist von hier aus die Palastmauer zu erkennen, und so geht dieses Gelände in die umgebende Sakrallandschaft auf. Gleich dahinter jedoch, sich in der Abendsonne spiegelnd, verläuft wie zum würdigen Abschluß das silbrige Band des mächtigen Irrawaddy, der Birmas Provinzen von den schneebedeckten Bergen im hohen Norden bis zu der Küste am Golf von Bengalen durchfließt. Und als wollte die Natur dieses einzigartige Bild einrahmen, zieht sie mit ihren kahl aufragenden Hügeln gegen den farbigen Himmel eine Grenze in scharfen Konturen.

Ein weiterer Aufstieg über einen sicheren inneren Aufgang ist dem Besucher verwehrt. Nur wenige Wagemutige verspüren den Ehrgeiz, auf dem schmalen Treppenband, den Backsteinen, die den Tempelhang ausmachen und die sich in einer Vielzahl von jeweils nur knapp einer Trittbreite hinaufziehen (Abb. 38, S. 86) weiter nach oben zu steigen, wo nur gelegentliche Umläufe Terrassenabsätze darstellen. Dort oben verjüngt sich der massige Tempelkoloß zu einer unfertigen, stumpf-geröllartigen Spitze, die den Eindruck eines Berggipfels vermittelt, vielleicht auch entstanden durch die Erschütterungen eines früheren Erdbebens. Dieser Teil wurde inzwischen mit einem Mauersockel gesichert.

In den letzten Jahren wurden am Dhammayangyi einige Renovierungsarbeiten, besonders auf dem Tempelgelände, an den Böden der Hallen und an den Buddha-Statuen (südl. Budhha), ausgeführt. Desweiteren wurde beim Tempel eine Unterkunft für den Tempelwächter errichtet. Das Buch zeigt den althergebrachten Zustand.

39. Buddha in der südlichen Tempelhalle.

40. Blick von der Dachterrasse des Ananda Tempels in die Landschaft zum Dhammayangyi.

Dem Schrecken seiner Entstehung trotzend, strahlt keiner der großen Tempelbauten Pagans die Ruhe des Dhammayangyi aus und nur wenige sind gleichzeitig so voller Geschichte und Geschichten. Er ist weiter vom Ort und Fluß abgelegen als die großen anderen, ist in die freie Landschaft gebaut und dient nur selten und dann auch nur individuell, der religiösen Andacht. Von den meisten Einheimischen gemieden und ohne den Glanz des Ananda, rankt sich ein Kranz von Geister- und Unglücksgeschichten um seine massige Gestalt. Und doch, als etwas Einzigartiges, schweigend und wie im Bewußtsein seiner Mächtigkeit überragt der Dhammayangyi alle, ruht allein in sich selbst, reckt sich erhaben in das gleißende Blau, das die Trockenzonen Zentralbirmas überspannt.

Materialien

Die vorliegende Geschichte hat einen historischen Bezug und bedient sich bis in Einzelheiten der Mythologie und den überlieferten Legenden Birmas. Sie fußt primär auf Prof. Gordon Luce' dreibändigem Standardwerk "Old Burma - Early Pagan" (1969), sowie auf dem birmanischen Geschichtswerk der Glaspalastchronik der birmanischen Könige ("The Glass Palace Chronicle of the Kings of Burma"), birmanisch "Hmannan" (siehe unter „Namen und Begriffe"), die 1829 von König Bagyidaw initiiert wurde und auf alten Quellen, Mythen und Legenden beruht. Zur Architektur des Bauwerks liefert das neunbändige Werk von Piere Pichard "Inventory of Monuments at Pagan", Band III, UNESCO und Kiscadale Ltd., France und Scotland, 1994ff, einen ausführlichen Einblick. Als ergänzende Quellen wurden unter anderem herangezogen G. E. Harvey "History of Burma" (1925); Mg Htin Aung "A History of Burma" (1967); vom gleichen Verfasser "Burmese History before 1287: A Defence of the Chronicles" (1970); Michael Aung-Thwin "Pagan" (1985) und die heute noch lebendigen Erzählungen der Menschen von Pagan, namentlich sei U Hla Maung erwähnt, aber auch U Tin Htway, ehemals Universität Heidelberg, mit seinen profunden Kenntnissen. Eine fundierte neuere Arbeit in deutscher Sprache aus Heidelberg von Tilman Frasch sollte ebenfalls erwähnt werden: „Pagan. Stadt und Staat" (1996).

Auslegungen und Datierungen der aufgeführten Verfasser sind untereinander nicht immer stimmig. Zu einzelnen Teilen dieser Tempelbiographie gibt es auch andere Versionen. Wo die Legendenhaftigkeit der Historie es erlaubt, hat der Autor die seiner Ansicht nach Gewichtigste gewählt. Abweichungen in den Quellen hat er literarisch aufgelöst oder Lücken geschlossen, hat sich aber wo immer möglich an die oftmals fragmentarischen historischen Tatsachen gehalten und in sie Mythologie, Legenden und animistische Glaubensinhalte der Birmanen eingewoben.

Namen und Begriffe

Nachstehend Namen und Begriffe, soweit sie sich nicht aus dem Textverständnis ergeben. Einige sind voller Andeutungen und geheimnisvoller, mythologischer Bezüge. Sie besonders bedürfen einer kurzen Erläuterung.
Die aufgeführten Namen und Begriffe haben sich ursprünglich aus dem Sanskrit, in der Regel jedoch und fortführend aus dem Pali entwickelt. Die Schreibweise ist in der Literatur uneinheitlich (siehe Mt. Tangyi), die gebräuchliche wurde gewählt, ohne daß damit ein Vorzug begründet wird. 1989 wurde durch einen Akt der Regierung die bis dahin übliche Schreibweise einiger Orte der birmanischen Aussprache angepaßt. Hier wurde die alte in Übereinstimmung mit der anerkannten Birmaliteratur beibehalten. Auf die neue Schreibweise wird nachstehend unter den betreffenden Stichworten hingewiesen.

Alaungsithu (Sithu I.): Vierter König der Pagan Dynastie, regierte von 1112-1167 (1160?). Vater von Narathu, Erbauer von Shwegu und Thatbyinnyu Tempel.

Amarapura: Hauptstadt des birmanischen Königreichs Ava von 1781–1810 und 1837–1860. Ruinenreste.

Ananda Tempel (eigentlich: Nanda T.)**:** Einer der am besten erhaltenen Tempelbauten Pagans, der als der Vollendetste gilt, 1090 unter König Kyanzittha, Sohn des Anawrahta, fertiggestellt.

Anantathuriya: Gelehrter; Lehrer von Minyin Naratheinhka, dem älteren Bruder von Narapatisithu.

Anawrahta: Sanskrit Aniruddha, d. h. unvoreingenommen, unbeherrschbar, eigenwillig. Gründer des birmanischen Reiches und der Pagan-Dynastie (auch: Dynastie der Tempelbauer), Erneuerer des damals degenerierten Buddhismus, regierte von 1044 - 1077, seinem Todesjahr.

Aris: Priester im frühen Birma bis zur Zeit Anawrahtas auf der Glaubensgrundlage des Buddhismus, dieser jedoch durch die Hereinnahme von Animismus, Hinduismus, Magik, Astrologie und eigenen, z.T. auch eigennützigen Auslegungen verfälscht.

Ava: Ehemalige Hauptstadt von Birma, 1364-1783 (mit Unterbrechung) und 1823-1837, auch Synonym für das Königreich, gegründet von den Shans in der Nachfolge der Pagan Dynastie. Ruinenreste.

Bambus, knotig: Im Traum beruhigend, ein Gefühl der Sicherheit vermittelnd.

Birma (auch Burma): Seit 1989 amtlich Union of Myanmar, zwischen Thailand und Indien (Assam und Manipur) bzw. Bangladesh. Bis 1885 Königreich, danach britische Kolonie, seit 4. Januar 1948 unabhängig, ca. 40 Millionen Einwohner einschließlich Minoritäten, Hauptstadt Rangun (Yangon), staatstragend ist das Volk der Birmanen. Birma ist noch stark in Traditionen verhaftet mit lebendiger buddhistischen Kultur (Theravada Buddhismus, siehe Hinayana).

Brahmane: Priester, ursprünglich auf den Hinduismus bezogen; priesterlicher Zeremonienmeister.

Brotfrucht: Siehe Jackfrucht.

Buddha: Um 563 v. C. als Siddhatta Gotama (Pali) bzw. Siddhartha Gautama (Sanskrit) als Sohn eines Fürsten im heutigen südlichen Nepal an der Grenze zu Indien geboren. Mit 29 Jahren löste er sich von seiner Familie und begann seine religiös motivierten Wanderungen. Nach Erleuchtung und Lehre mit 80 Jahren Tod und Eingang ins Nirvana.

Chin: Volksgruppe im westlichen Hügelland Birmas bis nach Manipur (Indien) hinein.

Daw: Anrede für angesehene oder auch ältere Frau.

Dhamma (Pali) im Buddhismus: Lehre, Gesetz, Ordnung (des Buddha). Sanskrit Dharma.

Dhammayangyi: Letzter Tempel in Mon-Architektur, Vorbilder Ananda (Grundriß des griechischen Kreuzes) und Thatbyinnyu (Mon-Birmanisch), die er übertreffen sollte, gelegen knapp 2 km südöstlich von Pagan-Ort. Ursprünglich und korrekt in Pali Dhamma-rama (Pleasence of the Law) später abgewandelt Dhamma-ramsi (Licht der Heiligen Wahrheit). Erbaut 1160 – 1165 von König Narathu Kulakya

Min, 1205 eingeweiht von König Narapatisithu. Aussprache wie geschrieben, doch „y“ wie „j“ und “gyi“ wie „dschi“ (weich), Betonung letzte Silbe.

Gautama: Siehe Buddha.

Glass Palace Chronicle: Veranlaßt von König Bagyidaw, 1829 ausgeführt von Gelehrten, die sich früherer Chroniken, wie der „Celebrated Chronicle“ von Shin Silavamsa aus dem 16. Jahrhundert und der „Mahayazawingyi“ von U Kala aus dem 18. Jahrhundert bedienten. Der streng historische Aussagewert ist gering, enthält die Chronik doch, abgesehen von Daten und Namen aus Inschriften, mehr sagenhafte Geschichten als Geschichte. Sie spiegelt jedoch in Legenden und Mythen, der traditionellen Literatur und der Vermischung mit buddhistischen Jataka-Geschichten Kultur, Seele und Denken des alten Birma.

Heiliger Fleck: Mongolenfleck (pigmentreicher, blauer Fleck im Bereich des Kreuzbeins bei Neugeborenen), hier von mythologischer Bedeutung als Inkarnation einer herausgehobenen menschlichen Persönlichkeit.

Heiliges Wasser: Wasser hat in Birma traditionell (ist aber hinduistischen Ursprungs) einen hohen Stellenwert bis heute. "Reines" Wasser, d. h. aus der Flußmitte geschöpft. Hier alttraditionell: Zeremoniell geweihtes Wasser mit dem durch langsames Begießen aus einem großen, spiralförmigen Schneckengehäuse rituelle, besiegelnde Handlungen ausgeführt werden, z. B. Krönung des Königs, Einweihung eines Tempels, Schließung der Ehe eines Vornehmen.

Hinayana Buddhismus (Kleines Fahrzeug; in Birma als Variante der Theravada-Buddhismus): Die ältere der buddhistischen Schulen mit realistischer Sicht des Daseins, die die eigene Erlösung aus dem Kreis der Wiedergeburten anstrebt.

Hti: Oberster Abschnitt der Pagodenspitze als Schirm, mehr oder weniger reichlich ornamental mit Gold, Edelsteinen und kleinen Glöckchen geschmückt.

Htunton Putek: Ort im südlichen Mandalay Distrikt, s. a. Kyaukse.

Irrawaddy (hergeleitet von Airawata, dem weißen Elefanten des alt-indischen Gottes Indra): Seit 1989 Ayeyarwady, der größte und zentrale Strom des Landes, ca. 2150 km lang, bis Bhamo mit dem Flußdampfer befahrbar bzw. bis Myithkyina mit dem Boot. Mit seinen Zuflüssen entspringt er im hohen Norden Birmas in den schneebedeckten Himalayaausläufern des Kachin Distrikts und mündet im Süden westlich Ranguns in einem äußerst fruchtbaren, weitverzweigten Delta in die Andamansee, ein östliches Randmeer des Golfs von Bengalen.

Jackfrucht: Tropische Frucht des Jackfruchtbaumes, ein Maulbeergewächs, Artocarpus hererophylla, Reifezeit etwa Juni. Frucht kopfgroß und birnenförmig bis 60 cm lang, warzige Rinde, kann bis zu 18 kg schwer werden, mit milchigem Saft und eßbarer (meist gekocht), samenhaltiger weißer Masse, verwandt mit der kopfgroßen Frucht des Brotfruchtbaums, letztere jedoch mit wohlschmeckendem, weißem Fruchtfleisch. Hier gilt die Art des Spaltens, anstatt des Schneidens, der Frucht als Zeichen von Unheil.

Ko: Anrede eines Mann bis ins mittlere Alter durch den Jüngeren bzw. des Jüngeren durch den Älteren.

Königsstreifen: Zeichnung von der rechten Schulter bis zur linken Hüfte vorn.

Kublai Khan (1215-1294): Enkel Dschingis Khans, Großkhan d. Mongolen, Kaiser von China (Shih Tsu).

Kyanzittha: Nachgeborener Sohn von Anawrahta, dessen erster Feldherr und dritter König der Pagan Dynastie 1184-1112.

Kyaukse: Stadt südl. von Mandalay, zu Füßen der östl. Shan Hills, in einem Gebiet mit einem ausgedehnten alten Bewässerungssystem für den Reisanbau.

Ma: Anrede für ein junges Mädchen wie auch für eine Frau, wenn die Ansprechende älter ist.

Mahagiri Nat (Pali natha = Herr, Beschützer, Retter): Nats sind mächtige Geistwesen in der Natur aus vor-buddhistischer Zeit, die teilweise noch bis heute eine volkstümliche Rolle im Glauben der Birmanen spielen. Neben anderen gibt es 37 benannte, in ihrer Eigenschaft fest umrissene

Nats. Sie greifen aktiv in das Leben der Gläubigen ein. Der Mächtigste unter ihnen ist der Mahagiri Nat (ursprünglich Maung Tin De), Gebieter des Großen Berges (Mt. Popa), neben ihm seine Schwester Lady Gold-Gesicht (ursprünglich Swe Myint Nha), symbolhaft sind sie auch Gegenfiguren zum Königspaar, aber auch Beschützer von Pagan und dessen Königshaus.

Mahapanita, Herr des Dhammayangyi: Mahathera des zum Dhammayangyi Tempel gehörenden Klosters, geistlicher Lehrer von König Narapatisithu.

Mahathera: In der buddhistischen Klosterhierarchie der Senior-Mönch; ein hochgeehrter älterer Mönch.

Mahayana Buddhismus (Großes Fahrzeug): Buddhistische Glaubensrichtung um etwa 100 n. C. entstanden, die über die eigene Erleuchtung hinaus aus Erbarmen das Wohl und die Erlösung aller Wesen anstrebt und bis dahin auf den Eingang ins Nirvana verzichtet. Ihre Repräsentanten sind die praktisch tätigen Bodhisattvas.

Maitreya Buddha: Der zukünftige und letzte Buddha.

Mandalay: Distrikt und größte Stadt in Zentralbirma, zweitgrößte des Landes, ca. 600 000 Einwohner, am Ostufer des Irrawaddy, geistiger Mittelpunkt des birmesischen Buddhismus und alter Traditionen, letzte Hauptstadt des Königreichs Birma im 19. Jahrh.

Maung (Mg): Anrede für einen jungen Mann, auch für den Jüngeren durch den Älteren.

Meister der weißen (höheren) Magie: Ratgeber u.a. am Königshof, weiser Mann, Deuter und Astrologe, meist aus dem Stand der Brahmanen bzw. ehrwürdiger Buddhist, tritt gemeinsam mit dem Meister der schwarzen Magie auf.

Meister der schwarzen (niederen) Magie (eigentlich der braunen Magie)**:** Geisterbeschwörer, Magiker, Wahrsager und Zauberer.

Mon: Ethnologisch Mon-Khmer-Volk, siedelt von Alters her im südöstlichen Birma in Norden von Tenasserim, kleinere Ansiedlungen auch im Irrawaddy-Delta. Feine Kultur indischen Ursprungs. Die küstennahen Mons übernehmen früh den Buddhismus, sie galten als künstlerisch begabt. Gründen Reiche unterschiedlicher Größe mit den Hauptstätten Thaton und Pegu. Die Mon wurden auch "Talaing" genannt.

Mount Popa: Erloschener Vulkankegel in Zentralbirma, ca. 1600 m hoch, ca. 60 km ostsüdöstlich von Pagan. Zentrum der alt-birmanischen Mythologie, heute noch bevorzugte Pilgerstätte. Buddhistisches Kloster und Ort der Andacht. Zum Vollmond im Dezember jeden Jahres berauschendes, ekstatisches Nat-Fest.

Mount Tangyi: (auch Tankyi, Tantkyee, Tant Kyi): Erhebung (ca. 500 m) am westlichen Ufer des Irrawaddy etwa auf der Höhe von Pagan.

Mudra (Sanskrit)**:** Im Hinduismus und Buddhismus eine bestimmte Hand- und Fingerstellung von symbolischer Bedeutung.

Myanmar (sprich: y wie j), chinesisch Mien, u. a. bei Marco Polo**:** Bezeichnung der Birmanen für sich selbst, erstmals in der Pagan-Zeit, heute als Staatsname der Union von Myanmar.

Nanchao: Ursprungvolk der Thai im westlichen Yünnan (südliches China).

Narapatisithu (Sithu II.): Sohn des Narathu, Königswürde 1173-1210.

Narathihapate: Regierte von 1254-1287. Mit ihm ging die Pagan Dynastie unter. Die dritte Reinkarnation des Mt. Tangyi Ogre-Dämons.

Narathu: Eigentlich Imtawsyan (Gebieter des Palastes), später auch Narathu Kulagya Min (Kulagya = der von den Indern getötete, Min = König), Regierungszeit 1160-65, nach anderer Version 1167-1170. Nach der Legende die zweite Reinkarnation des Dämons (Ogre) vom Mt. Tangyi. Die anderen beiden Reinkarnationen waren Sale Ngahkwe und Narathihapate.

Natogyi: Städtchen in Zentralbirma, alte Pyu-Siedlung, im Pagan-Königreich Ansiedlung mit Garnison.

Nats: Pali natha = Herr, Beschützer, Retter. Siehe Mahagiri Nat.

Nirvana: Das Ziel buddhistischer Praxis, das Ausscheiden aus dem Kreislauf der Wiedergeburten, Ende allen Leidens, Aufgehen in das Absolute (hinduistisch), von Buddha nicht näher ausgelegt.

Ogre (auch Ogar): Mythologische, dämonische Gestalt mit sowohl guten (wenn eingebunden) wie auch bösen Eigenschaften. Auch: Ungeheuer, menschenfressender Riese. Den Ogre finden man oft über den Öffnungen von Tempeln angebracht, dann als Wächter gegen das Eindringen unerwünschter Geister und Dämonen.

Östlicher Palast: Die Königin des östlichen Palastes gebiert den Thronerben, ihm nachgesetzt ist der Südliche Palast.

Pagan: Frühere Namen Pukam bzw. Arimaddanapura, seit 1989 Bagan. Nach früher Besiedlung (Pyu) wurde Pagan 849 als befestigter Ort gegründet, Sitz der Pagan Dynastie (in der Blütezeit bis zu 500 000 Einwohner), heute Ruinenstadt, mit einer Fläche von ca. 100 km^2 am linken Ufer des Irrawaddy. Das ummauerte Zentrum (ehemaliger Palastbereich) hatte in der Neuzeit dörflichen Charakter, wurde jedoch 1990 zwangsgeräumt, seitdem archäologische Stätte. Die Bewohner wurden etwa 7 km weiter südlich in Neu-Bagan angesiedelt. Von den königlichen Profanbauten ist außer den Grundmauern nichts erhalten. Sie wurden in filigraner Bauweise aus Edelhölzern errichtet (Abb. 16/21/24, S. 36/59/63) und reich mit kunstvollen Schnitzereien verziert, während etwa 2000 Pagoden und Tempel erhalten sind (allein den Sakralbauten war der Ziegelstein vorbehalten), aber sich abgesehen von wenigen Ausnahmen in mehr oder weniger fortgeschrittenem Verfallszustand befinden. In neuester Zeit ist mit Restaurierungen begonnen worden.

Pagan Dynastie: Gegründet 1044 von Anawrahta und durch seine Eroberungen ausgeweitet zum ersten birmanischen Reich. Vorläufer waren die regionalen Pagan-Könige. Die Dynastie endete 1287 mit König Narathihapate unter dem Ansturm der Truppen Kublai Khans und den ihnen nachfolgenden Shan. Auch "Dynastie der Tempelbauer" genannt. Mit ihnen begannen und endeten die großen Tempelbauten.

Pateikkaya (Patikkara): Jenseits der westl. Chin Hills, wohl vom anschließenden heutigen Grenzgebiet von Bangladesh (Comilla Provinz) bis zu Tripura/Indien.

Pegu: Seit 1989 Bago. Distrikt und Stadt im südlichen Birma, ca. 80 km nordöstlich von Rangun, im 16. Jahrh. vorübergehend Sitz der Toungoo Dynastie.

Prabhutaratna Buddha: Der „Buddha der Vergangenheit" (ohne persönliche Zuordnung, kein Eigenname) aus der Zeit vor dem historischen Buddha. Zwei Buddha nebeneinander sitzend gelten als Symbol der Kontinuität des Dhamma.

Preta: Unseliger, gequälter Geist (indische Mythologie). Der unerlöster Geist eines Verstorbenen, an dem die vorgeschriebenen Beerdigungsriten nicht ausgeführt worden sind.

Prome: Seit 1989 Payay, Vorläufer im Altertum das nahegelegene Sri Ksetra. Stadt mit ca. 40 000 Einwohnern in der Pegu Provinz im südlichen Zentralbirma, ca. 240 km nördlich von Rangun, gelegen.

Pyinbya: Ein Pyu-Herrscher, der wahrscheinlich nach dem Fall von Sri Ksetra mit Teilen des Pyu-Volkes nach Pagan geflüchtet ist.

Pyu: Die ersten in geschichtlicher Zeit bekannten Bewohner der östlichen Irrawaddy-Ebene Zentralbirmas. Zentrum Sri Ksetra. Um 822 n. C. von den Nanchao überfallen, zum Teil nach Yünnan verschleppt, ansonsten in den Birmanen aufgegangen und seitdem als eigenes Volk verschollen.

Roter Rubin: Symbol magischer Kräfte und höchster Wertschätzung, besonders für den Erstbesitzer.

Sagaing: Distrikt und Stadt am rechten Irrawaddy Ufer ca. 15 km westlich von Mandalay in Zentralbirma. Im 14. Jahrhundert, während der Shan Dominanz, war Sagaing für kurze Zeit Hauptstadt. Heute ist Sagaing buddhistisches Zentrum und reich an Klöstern, Pagoden und Tempeln.

Sale Ngahkwe: Usurpator von 906-915 in Pagan, einer der Vorläufer der Pagan Dynastie, grausam, jähzornig und gefräßig. Erste Reinkarnation des Ogre-Dämons vom Mt. Tangyi.

Samsara: Altindische Lehre von den Wiedergeburten.

Shan: Nach dem staatstragenden Volk die der Birmanen größte

Minderheit, den Thai verwandt, Siedlungsgebiete vor allem im Nordosten des Landes. Die Shan-Herrschaft bis ins 14. Jahrhundert folgte der Pagan Dynastie.

Shwegu Tempel: 1131 von König Alaungsithu errichtet, um nach dem buddhistischen Gebot Verdienste für sein nächstes Leben zu erwerben, sein Lieblingstempel, in dem er sich zum Ende seines Lebens auch zum Meditieren zurückzog und ermordet wurde.

Shwepyin-Brüder: Feldkommandanten des Königs Anawrahta. Bis heute findet an der Taunbyon Pagode im Ort Taunbyon bei Mandalay jährlich im August über 7 Tage ein farbenprächtiges Nat-Fest zu Ehren der Brüder statt.

Sikhara: In der Tempelarchitektur oberer Abschluß in Mitraform aus Indien.

Südlicher Palast: Die Königin des Südlichen Palastes gebiert den nachrangigen Thronerben.

Thatbyinnyu Tempel: Alaungsithus großartigstes sakrales Bauwerk, höchster Tempel (61 m) in Pagan.

Toungoo Dynastie (1531-1752): Gegründet von Tabinshwethi in der Nachfolge seines Vaters Minkyinyo, Herrscher von Toungoo. Hauptstadt zunächst Pegu, ab 1636 Ava. Sie gilt nach der Pagan Dynastie als die zweite eines vereinigten birmesischen Reiches, übertraf dieses jedoch noch an Ausdehnung.

Tripitaka: Dreiteiliger Kanon der heiligen buddhistischen Schriften.

U: Anrede für einen Senior und männl. Respektperson.

Wasserfest (Thingyan): Das birmesische Neujahrsfest nach althergebrachtem Kalender, das etwa in der zweiten Aprilwoche jeden Jahres während der heißesten und trockensten Zeit über 3 - 4 Tage fröhlich-ausgelassen und mit viel gegenseitigem Wasserbespritzen als Symbol des Wohlwollens und Respekts gefeiert wird. Am vierten Tag finden mehr offizielle Umzüge und andere Veranstaltungen wie Tänze und Bootsrennen statt, die ins birmesische neue Jahr überleiten. Zeremonielle Waschungen von Buddha Standbildern mit wohlriechendem Wasser und reichliche Bewirtung der Mönche schließen sich an.

Weißer Elefant: Im alten Birma Symbol der königlichen Herrschaft; sie gehörten dem König. Die Verehrung des weißen Elefanten hat seinen Ursprung in der Legende, nach der Buddha in einem seiner zahlreichen früheren Leben ein weißer Elefant gewesen sein soll.

Zedi: Stupa (Sakralbau), Synonym für buddhistische Pagode.

Abbildungs- und Kartenverzeichnis

Die Abbildungen und deren kurze Beschreibungen dienen, neben der sachlichen Illustration, vor allem dem Erzählfluß.

Fotos ohne Herkunftsangabe stammen vom Verfasser, sie sind überwiegend in den Jahren 1986-7 entstanden. Soweit sie das alte Pagan-Dorf zeigen, ist dieses inzwischen untergegangen. Aus den Kindern des Dhammayangyi dagegen sind Erwachsene geworden.

Karten und Grundriß:

Über den Autor:

Hans Wilhelm Finger lebt als freier Schriftsteller in München. Nach seiner großen Biographie über den faszinierenden deutschen Naturforscher und Entdeckungsreisenden im Australien des 19. Jahrhunderts, F. W. Ludwig Leichhardt, folgten weitere Veröffentlichungen. In zahlreichen Reisen, neben Australien überwiegend nach Asien, hat er sich hier eines ihm besonders am Herzen liegenden Themas angenommen, seine persönlichen Erlebnisse im birmesischen Pagan zu erzählen. Er bindet sie ein in den größeren Rahmen der Geschichte des Dhammayangyi Tempels und den damit einhergehenden Begebenheiten im historischen Pagan-Reich. Zahlreiche Aufenthalte in Birma, persönliche Beziehungen zu den Einheimischen und das Studium des Themas und der alten, einzigartigen buddhistischen Kultur des Landes und dessen Mythologie, haben ihn zu diesem fernöstlichen Gemälde angeregt. Ein vergleichbar einfühlsames Werk ist in unserer Zeit über Birma in deutscher Sprache noch nicht geschrieben worden.

41. Der Autor mit Min Min, Ni Ni und War War.

Vom selben Autor im Wiesenburg Verlag:

Vom Ich und anderen Untiefen

Aphorismen für das Leben

Eine frohgemute Ausfahrt ins Ich und darüber hinaus, niedergeschrieben in 1225 Aphorismen

2. Auflage 2005, 219 Seiten, Format 12,5 x 19 cm, bro., mit einem Anhang in Versen. ISBN 3-937101-24-1.

Diese kleine Sammlung knapper Aphorismen und Gedankensplitter ist dem Menschen gewidmet, der eingebettet im Sein mit seiner Existenz ringt. Mit zündenden Worten ermutigt der Autor den Einzelnen sich dem Leben zu stellen, sich seines Ich, dessen Möglichkeiten und Grenzen bewußt zu werden und so gerüstet das Leben aktiv anzunehmen und zu gestalten. Damit gibt der Autor dem Einzelnen Mut der Zukunft entgegenzugehen und aktiv mitzugestalten, nicht für schalen Spaß, sondern für eine tief empfundene Lebensfreude.

Doch er schont uns nicht, bricht Tabus, schüttelt Lähmungen und Routine ab, legt Brüche offen, wirft Ballast ab und leugnet nicht die düsteren Seiten des Lebens und bleibt dennoch besonnen und zuversichtlich - ein Autor für unsere Zeit.

*

Weitere anregende Lektüre finden sie beim Wiesenburg Verlag im Internet unter www.wiesenburgverlag.de.